英語長文

レベル別問題集

改訂版

1

超基礎編

<label>東進ハイスクール・東進衛星予備校 講師</label>
安河内哲也　大岩秀樹
YASUKOCHI Tetsuya　OIWA Hideki

東進ブックス

まえがき

「英語長文レベル別問題集」の世界へようこそ。この問題集は各種の試験において ますます出題が増加している長文読解を，段階別に音声や動画を使って訓練で きるように工夫されたシリーズです。**自分に最も合ったレベルから，小さなステ ップを踏み，練習を重ねることによって，第一志望合格レベルに到達することを 目標としています。**レベル1は中学2年生レベルから始まり，レベル6は，最難 関大学に対応できるレベルとなっています。この間の細かなレベル分類の中に， 必ず自分のスタートすべきレベルが見つかるはずです。

このシリーズにおいては，英文の内容が偏らないように様々なテーマの英文を 選択しました。同じようなテーマの英文が連続し，興味を失うことのないよう， 配列にも工夫をしています。長文読解は，**「単語」「熟語」「構造」だけではなく，内 容に関する豊富な知識を持つことが非常に大切な学習分野となります。**様々なテ ーマの英文を楽しんで読み進めることにより，英文を読むために必要な一般常識 の力もいっしょに身につけていきましょう。

また，長文読解と一言で言っても，「単語」「熟語」「構造把握力」「速読力」など， すべての英語の力を結集して行う「総合技術」のようなものです。だから，「これ をやればすぐにできるようになる」といった単純な処方箋がないのです。

本書を学習する皆さんは，このような長文読解の特徴を十分に理解し，コツコ ツと正攻法で学習を進めてください。特に，速読力を身につけるためには，英文 を一度読んで答え合わせをするだけではなく，**英文をしっかりと理解したうえ で，繰り返し聞いたり，音読したりすることが極めて重要**です。ぜひ，本書付属 の音声や動画を活用し，繰り返して英語に対する反射神経を磨いてください。最 終的には，学習した長文を耳で聞いてすべてわかるようにしてしまいましょう。

この問題集の大きな特徴は「使いやすさ」です。限られたページ数の中で，学習 が能率的に進められるよう，工夫の限りを尽くしたデザインとなっています。

重要度からすれば，まさに入試の核とも言えるのが「長文読解」の学習です。本 書を片手に受験生の皆さんが**「将来も役に立つ長文読解力」**を身につけてくれる ことを祈り，応援しております。

安河内 哲也／大岩 秀樹

● 改訂のポイント ●

1 古いテーマの長文を削除し，**最新の傾向に合った長文**を新規収録しました。
2 複雑な構造の文章やつまずきやすい文章に対し，**構文解説**を追加しました。
3 複数のナレーター（アメリカ人／イギリス人／インド人）の音声を収録しました。
4 学習効果を飛躍的に高める**2種類の動画コンテンツ**を追加しました。

レベル１の特徴

こんな人に最適！
☑ 長文読解が極めて苦手で，超基礎から学習したい人
☑ 高校入試レベルの長文が全然読めない人
☑ 英検３級合格を目指す人

レベル１の位置付け

　本シリーズ中，最も基礎的なレベルに位置するのがこのレベル１です。どんな学習においても，**一番基礎の部分がしっかりと理解できているかどうかが，最終的な成功のカギになります**。英語長文が特に苦手な人は，思い切ってこのレベルから始めることをおススメします。超基礎レベルの英文ではありますが，皆さんはこれらの長文がすらすらと読めるようになるまで，何度も練習してください。大学入試では，速く英文を読む力が試されます。まずは超基礎の英文で速読力を磨いていきましょう。

超基礎を固めてレベルアップ！

　レベル１では難しい構造の英文はほとんど出てきません。単語や熟語も簡単なものに厳選されています。主語と述語をしっかりと見抜くことができ，基本的な語彙を知っていれば，何とか読み解くことができるでしょう。レベル１は本シリーズ中もっとも基礎的な「入り口」にあたる英文を集めましたので，どんなに英語が苦手な人でも辞書を片手に取り組めば，必ず最後まで終えられるはずです。このレベル１を終えれば，**簡単な英文に関してはスピーディーに読みこなせる読解力を身につけた**と言えます。

▼志望校レベルと本書のレベル対照表

難易度	偏差値	志望校レベル		英検	本書のレベル（目安）					
		国公立大（例）	私立大（例）							
難	〜67	東京大，京都大	国際基督教大，慶應義塾大，早稲田大	準1級						⑥最上級編
↑	66〜63	一橋大，東京外国語大，国際教養大，筑波大，名古屋大，大阪大，北海道大，東北大，神戸大，東京都立大　など	上智大，青山学院大，明治大，立教大，中央大，同志社大						⑤上級編	
	62〜60	お茶の水女子大，横浜国立大，九州大，名古屋市立大，千葉大，京都府立大，信州大，広島大，静岡県立大　など	東京理科大，法政大，学習院大，武蔵大，中京大，立命館大，関西大，成蹊大	2級				④中級編		
	59〜57	茨城大，埼玉大，岡山大，熊本大，新潟大，富山大，静岡大，高崎経済大，長野大，山形大，岐阜大，和歌山大　など	津田塾大，関西学院大，獨協大，國學院大，成城大，南山大，武蔵野大，駒澤大，専修大，東洋大，日本女子大　など				③標準編			
	56〜55	共通テスト，広島市立大，宇都宮大，山口大，徳島大，愛媛大　など	東海大，文教大，立正大，西南学院大，近畿大，東京女子大，日本大　など	準2級						
	54〜51	弘前大，秋田大，琉球大，長崎県立大，石川県立大，富山県立大　など	亜細亜大，大妻女子大，大正大，国士舘大，名城大，杏林大，京都産業大　など							
	50〜	北見工業大，釧路公立大，水産大　など	大東文化大，拓殖大，摂南大，共立女子短大　など		↓②初級編					
↓	－	難関公立高校（高1・2生）	難関私立高校（高1・2生）	3級	①超基礎編					
易		一般公立高校（中学基礎〜高校入門）	一般私立高校（中学基礎〜高校入門）							

本書の使い方

　本書には，各レベルに合った英語長文問題が全 12 題（Lesson 01 ～ 12）収録されています。各 Lesson は，❶問題文 →❷設問 →❸解答・解説 →❹構造確認／和訳（＋語句リスト）という極めてシンプルな見開き構成で進んでいきます。

▶ 制限時間を目安に，問題文を読んで次ページの問題にチャレンジしましょう。

▶ 各設問を解き，解答欄に答えを書き込みましょう。

▶ 答え合わせ・採点をしてください。解説をよく読み，理解を深めましょう。

▶ 英文の構造を学び，訳を確認しましょう。語句リストで単語も確認しましょう。

　学習を開始する前に，著者による「**ガイダンス動画**」を視聴して，**本書の効率的な活用法**や**復習の方法**をチェックしましょう。「ガイダンス動画」は，右の QR コードをスマートフォンなどで読み取ることで視聴できます。

▼ガイダンス動画

　❶から❹まで一通り終わったら，本書付属の**音声**や「**音読動画**」「**リスニング動画**」で復習しましょう。音読をするときは，ただ機械のように読み上げても意味がありません。**正しい発音を意識**して，**文の内容を理解**しながら音読すると効果が高まります。「音読動画」ではネイティブの口元も確認できるので，真似して発音してみましょう。ぜひ楽しみながら，繰り返し練習してくださいね。

● 本書で使用する記号 ●

S ＝主語　　V ＝動詞（原形）　　O ＝目的語　　C ＝補語
※従属節の場合は S′ V′ O′ C′ を使用。

SV ＝文・節（主語＋動詞）　　Vp ＝過去形　　Vpp ＝過去分詞
Ving ＝現在分詞 or 動名詞　　to V ＝不定詞

～ ＝名詞　　... ／ … ＝形容詞 or 副詞　　..... ＝その他の要素（文や節など）

[ ] ＝言い換え可能　※英文中の [ ] の場合　　　　( ) ＝省略可能　※英文中の ( ) の場合
A ／ B ＝対になる要素（品詞は関係なし）　　　　①②③ など ＝同じ要素の並列
O(A) O(B) ＝第 4 文型（S V O(A) O(B)）の目的語

[ ] ＝名詞（のカタマリ）　　　　　□ ＝修飾される名詞（のカタマリ）
< > ＝形容詞（のカタマリ）・同格　　( ) ＝副詞（のカタマリ）

音声・動画の使い方

音声について

すべての問題文（英文）の読み上げ音声を聞くことができます。複数のナレーター（アメリカ人／イギリス人／インド人）による音声を収録しました。音声ファイルの名称は下記のようにつけられています。

01 LV1 Lesson01 USA.mp3
トラック名　レベル　　レッスン　　ナレーターの国籍

- **USA** ＝アメリカ人（全レッスン）
- **UK** ＝イギリス人（奇数レッスン）
- **INDIA** ＝インド人（偶数レッスン）

音声の再生方法

1 ダウンロードして聞く（PC，スマートフォンをお使いの場合）

「東進WEB書店（https://www.toshin.com/books/）」の本書ページにアクセスし，パスワード「RwbLV124h」を入力してください。mp3形式の音声データをダウンロードできます。

2 ストリーミング再生で聞く（スマートフォンをお使いの場合）

右のQRコードを読み取り，「書籍音声の再生はこちら」ボタンを押してパスワード「RwbLV124h」を入力してください。

※ストリーミング再生は，パケット通信量がかかります。

動画について

本書には，「音読動画」「リスニング動画」の2種類の動画が収録されています。

音読動画：チャンクごとにリピーティングを行う動画です（出演：ニック・ノートン先生）。**「耳アイコン」**が表示されているときはネイティブの発音を聞き，**「話すアイコン」**が表示されているときはネイティブを真似して発音しましょう。

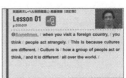

リスニング動画：本文のスクリプト付きの音声動画です。**オーバーラッピング**（スクリプトを見ながら音声と同時に発音する），**シャドーイング**（音声を追いかけるように発音する）などで活用してください。

動画の再生方法

右のQRコードを読み取ると，それぞれの専用ページにアクセスできます。Lesson00（各動画の使い方説明）とLesson01〜12が一覧になっているので，学習したいレッスンのURLを選んで視聴してください。

▼音読動画　　▼リスニング動画

構造確認の記号

[名詞] の働きをするもの

▶名詞の働きをする部分は [ ] で囲む。

1 動名詞

[Eating too much] is bad for your health.
[食べ過ぎること] は健康に悪い。

My sister is very good at [singing *karaoke*].
私の姉は [カラオケを歌うこと] がとても上手だ。

2 不定詞の名詞的用法

Her dream was [to become a novelist].
彼女の夢は [小説家になること] だった。

It is difficult [to understand this theory].
[この理論を理解すること] は難しい。

3 疑問詞＋不定詞

Would you tell me [how to get to the stadium]?
[どのようにして競技場へ行けばよいか] を教えていただけますか。

I didn't know [what to say].
私は [何と言ってよいのか] わからなかった。

4 that 節「S が V するということ」

I think [that he will pass the test].
私は [彼がテストに合格するだろう] と思う。

It is strange [that she hasn't arrived yet].
[彼女がまだ到着していないというの] は奇妙だ。

5 if 節「S が V するかどうか」

I asked her [if she would attend the party].
私は彼女に [パーティーに出席するかどうか] を尋ねた。

It is doubtful [if they will accept our offer].
[彼らが私たちの申し出を受け入れるかどうか] は疑わしい。

6 疑問詞節

Do you know [where he comes from]?
あなたは [彼がどこの出身であるか] 知っていますか。

I don't remember [what time I left home].
私は [何時に家を出たか] 覚えていません。

7 関係代名詞の what 節

I didn't understand [what he said].
私は [彼が言うこと] を理解できなかった。

[What you need most] is a good rest.
[君に最も必要なもの] は十分な休息だ。

＜形容詞＞の働きをするもの

▶形容詞の働きをする部分を ＜ ＞ で囲み，修飾される名詞を ☐ で囲む。

1 前置詞＋名詞

What is the population ＜of this city＞?
＜この市の＞ 人口 はどのくらいですか。

Look at the picture ＜on the wall＞.
＜壁に掛かっている＞ 絵 を見なさい。

2 不定詞の形容詞的用法

Today I have a lot of work ＜to do＞.
今日私は＜するべき＞ たくさんの仕事 がある。

Some people have no house ＜to live in＞.
＜住むための＞ 家 を持たない人々もいる。

3 現在分詞

The building ＜standing over there＞ is a church.
＜向こうに建っている＞ 建物 は教会です。

A woman ＜carrying a large parcel＞ got out of the bus.
＜大きな包みを抱えた＞ 女性 がバスから降りてきた。

4 過去分詞

This is a shirt ＜made in China＞.
これは＜中国で作られた＞ シャツ です。

Cars ＜parked here＞ will be removed.
＜ここに駐車された＞ 車 は撤去されます。

5 関係代名詞節

Do you know the man ＜who is standing by the gate＞?
あなたは＜門のそばに立っている＞ 男性 を知っていますか。

Is this the key ＜which you were looking for＞?
これが＜あなたが探していた＞ 鍵 ですか。

A woman ＜whose husband is dead＞ is called a widow.
＜夫が亡くなっている＞ 女性 は未亡人と呼ばれる。

6 関係副詞節

Do you remember the day ＜when we met for the first time＞?
＜私たちが初めて出会った＞ 日 をあなたは覚えていますか。

Kyoto is the city ＜where I was born＞.
京都は＜私が生まれた＞ 都市 です。

＜同格＞の働きをするもの

▶同格説明の部分を＜ ＞で囲み，説明される名詞を□で囲む。

■ 同格の that 節

We were surprised at the news <that he entered the hospital>.
＜彼が入院したという＞ 知らせ に私たちは驚いた。

There is little chance <that he will win>.
＜彼が勝つという＞ 見込み はほとんどない。

■ カンマによる同格補足

Masao , <my eldest son>, is finishing high school this year.
＜私の長男である＞ マサオ は，今年高校を卒業する予定です。

I lived in Louisville , <the largest city in Kentucky>.
私は＜ケンタッキー州最大の都市である＞ ルイビル に住んでいた。

（副詞）の働きをするもの

▶副詞の働きをする部分を（ ）で囲む。

■ 前置詞＋名詞

I met my teacher (at the bookstore).
私は（本屋で）先生に会った。

I listened to music (over the radio).
私は（ラジオで）音楽を聞いた。

■ 分詞構文 (Ving)

(Preparing for supper), she cut her finger.
（夕食の準備をしていて）彼女は指を切った。

(Having read the newspaper), I know about the accident.
（新聞を読んだので）その事故については知っている。

■ 受動分詞構文 (Vpp)

(Seen from a distance), the rock looks like a human face.
（遠くから見られたとき）その岩は人間の顔のように見える。

(Shocked at the news), she fainted.
（その知らせを聞いてショックを受けたので）彼女は卒倒した。

■ 従属接続詞＋Ｓ Ｖ

(When I was a child), I went to Hawaii.
（子供の頃に）私はハワイへ行った。

I didn't go to the party (because I had a cold).
（かぜをひいていたので）私はパーティーに行かなかった。

■ 不定詞の副詞的用法

I was very surprised (to hear the news).
私は（その知らせを聞いて）とても驚いた。

(To drive a car), you have to get a driver's license.
（車を運転するためには）君は運転免許を取らねばならない。

特殊な記号

■ 主節の挿入 { }

Mr. Tanaka, {I think}, is a good teacher.
田中先生は良い教師だと｜私は思う｜。

His explanation, {it seems}, doesn't make sense.
彼の説明は意味をなさない｜ように思える｜。

■ 関係代名詞主格の直後の挿入 { }

He has a son who {people say} is a genius.
彼は天才だと｜人々が言う｜息子を持っている。

Do what {you think} is right.
正しいと｜あなたが思う｜ことをしなさい。

■ 関係代名詞の as 節（ ）

＊これは副詞的感覚で使用されるため，本書ではあえて（ ）の記号を使用しています。

(As is usual with him), Mike played sick.
（彼には普通のことだが）マイクは仮病を使った。

He is from Kyushu, (as you know from his accent).
（あなたが彼のなまりからわかるとおり），彼は九州出身です。

もくじ ⊕学習記録

＊問題を解いたあとは得点と日付を記入し，付属の音声を聴いたり，「音読動画」「リスニング動画」を視聴したりして繰り返し復習しましょう。

LV1
STAGE-1

Lesson 01
問題文
LEVEL-1
01

単 語 数 ▶ 200 words
制限時間 ▶ 20 分
目標得点 ▶ 40 ／50点
DATE

■次の英文を読み，あとの設問に答えなさい。

Sometimes, when you visit a foreign country, you think people act (1). This is because cultures are different. Culture is (2) a group of people act or think, and it is different all over the world.

For example, if you are born in Europe, taking a bath with other people is very (3) because people usually bathe alone in Europe. However, for people in Japan and Korea, it is not strange at all because it is part of their culture. They have done so since they were born. It is natural for them.

(a)(is / What / eat / different / you / to / from / culture / culture), too. Some people are surprised that French people eat snails and Japanese people eat whales, but for (b)them, these foods are not strange at all. In some cultures, people eat insects and seaweeds. (c)Many Indian people never eat beef, although eating beef is quite common in many other cultures. For Indians, a cow is a holy animal.

When we learn about other cultures, we are often surprised, but there is no right or wrong. No culture is better or worse than another. So, (d)it is important to respect and understand other cultures to be a real global person.

20

設問

（１）（ 1 ），（ 3 ）に当てはまる最も適切な組み合わせを，次の選択肢
　　　の中から１つ選びなさい。

　　　1（ 1 ）strange　　　　　　（ 3 ）strange

　　　2（ 1 ）strange　　　　　　（ 3 ）strangely

　　　3（ 1 ）strangely　　　　　（ 3 ）strange

　　　4（ 1 ）strangely　　　　　（ 3 ）stranger

（２）（ 2 ）に当てはまる最も適切なものを，次の選択肢の中から１つ選び
　　　なさい。

　　　1 when　　　　　　　　　**2** where

　　　3 why　　　　　　　　　　**4** how

（３）下線部(a)の英文の意味が通るように，（　　）内の単語を並べ替えなさ
　　　い。なお，文頭にくる語も小文字で示してある。

（４）下線部(b)は誰を指しているか，日本語で書きなさい。

（５）下線部(c)の理由を，日本語で書きなさい。

（６）下線部(d)が指すものを，英語で抜き出しなさい。

（7） 本文の内容と一致するものを，次の選択肢の中から2つ選びなさい。

1 How a group of people act or think varies all over the world.

2 Taking a bath with other people is natural for people in Europe.

3 Some people find it strange that Japanese people eat whales.

4 Some cultures are better than other cultures.

5 You don't need to understand other cultures unless you want to be a real global person.

解　答　用　紙			
（1）		（2）	
（3）			
（4）			
（5）			
（6）			
（7）			

解答・解説

（1） strange は形容詞「奇妙な」，strangely は副詞「奇妙に」です。（ 1 ）は people act だけでも完全な文として成り立つことから，空所には副詞が入ると判断できます。また，（ 3 ）は，taking a bath with other people が主語，very（ 3 ）が be 動詞 is に対する補語の役割をしています。補語になれるのは名詞と形容詞のため，ここでは形容詞が入ると判断できます。また，比較級を強調する場合は very ではなく much を使用するため，3 が正解となります。

（2） 文化の説明をしている文のため，文化という言葉の意味を考えれば，4 how を入れて「人々の集団が行動したり，考えたりする方法」とするのが適切です。

（3） be different from culture to culture「文化によって異なる」という部分がポイントです。関係代名詞 what は名詞の働きを持つカタマリが作れるため，what you eat「あなたが食べるもの」を主語にして，文を完成させます。

（4） them は複数名詞の反復を避けます。直前の部分に注目すると，French people と Japanese people を指していると判断できます。ここでは，「ほかの人が奇妙に感じる文化でも，慣れている人にとっては奇妙ではない」ということの例として，フランス人と日本人の 2 つの例が挙げられています。よって，them はフランス人，日本人のどちらか一方ではなく，両方を指しているということに気をつけます。

（5） 主張や事実に対する理由はその前後の文で説明されることが多いです。よって，次の文「インド人にとって，牛は神聖な動物なのだ」が理由として適切です。下線部直後の「although S V（S は V するけれども）」は主張を強めるための譲歩を示します。

（6） 形式主語構文の it is ...（for ～）to V（〔～が〕V するのは…だ）を問う問題です。代名詞 it が主語になる文で，後ろに [to V] や [that S V] がある場合，それらが真の主語になります。よって，ここでは何が「重要」

かと言うと，「ほかの文化を尊重し，理解すること」だとわかります。形式主語構文は非常によく使われるため，it is … that S V（S が V するのは…だ）という形も覚えておきましょう。

（7）① 人々の集団がどのように行動したり，考えたりするかは世界中で異なっている。

→**第 1 段落**第 3 文に一致します。正解の選択肢が，このように要約された形で書かれることもあるので注意が必要です。

2 ヨーロッパでは，ほかの人と入浴することは当然のことである。

→**第 2 段落**第 1 文「例えば，あなたがヨーロッパ生まれなら，ほかの人と入浴することはとても奇妙だろう」という記述に矛盾します。

③ 日本人が鯨を食べることを奇妙だと感じる人もいる。

→**第 3 段落**第 2 文に一致します。

4 一部の文化は，ほかの文化よりもすぐれている。

→**第 4 段落**第 2 文「どの文化もほかの文化に対してすぐれていたり，劣っていたりはしない」という記述に矛盾します。

5 本当の国際人になりたいのでなければ，ほかの文化を理解する必要はない。

→**第 4 段落**第 3 文に「本当の国際人になるためには，ほかの文化を尊重し，理解することが重要だ」という記述がありますが，国際人にならないからといって，「ほかの文化を理解する必要がない」とは本文中に書かれていません。

正　解			
（1）(4点)	3	**（2）**(4点)	4
（3）(8点)	What you eat is different from culture to culture		
（4）(7点)	フランス人と日本人		
（5）(5点)	インド人にとって，牛は神聖な動物だから。		
（6）(8点)	to respect and understand other cultures (to be a real global person)		
（7）(各7点)	1, 3		

得点	（1回目） ／50点	（2回目）	（3回目）	CHECK YOUR LEVEL	0〜30点 ➡ *Work harder!* 31〜40点 ➡ *OK!* 41〜50点 ➡ *Way to go!*

構造確認

[ ]=名詞　▢=修飾される名詞　< >=形容詞・同格　( )=副詞
S=主語　V=動詞　O=目的語　C=補語　'=従節

❶ (Sometimes), (when you visit a foreign country), you think [people act
　　　　　　　　　　S'　V'　O'　　　　　　　　S　V　　O⊃̄　　V'
(strangely)]. **1** This is (because cultures are different). Culture is [how a
　　　　　　　　　S　V　　　　S'　　V'　C'　　　　S①　V①C①　S'
group <of people> act or think], and it is different (all over the world).
　　　　　　　　　　V'　　　　　　　　S②V②　C②
❷ (For example), (if you are born (in Europe)), [taking a bath (with other
　　　　　　　　　　S'　V'　　　　　　　S
people)] is very strange (because people (usually) bathe (alone) (in
　　　　V　C　　　　　　　　S'　　　　　　　V'
Europe)). (However), (for people <in Japan and Korea>), it is not strange
　　　　　　　　　　　　　　　　　　　　　　　S　V　　　　C
(at all) (because it is part <of their culture>). They have done so (since
　　　　　　　　S'　V'　C'　　　　　　　　S　V　　　O
they were born). It is natural (for them).
S'　V'　　　　S　V　C

構文解説

1 「This is because S V」は「これは S が V するからだ」を意味し, This の指す前文が結果,
because 以下がその結果に至る原因を示す。ここでは, This の指す前文「あなたが外国を
訪れるとき, 時々人々が奇妙に行動すると思う」という結果に至るのは, 「文化が異なって
いる」ことが原因であることを示している。

この行数は問題文の方の行数に合わせています（段落頭を基準としていますが，一部ずれる場合もあります）。

【和訳】

❶ あなたが外国を訪れるとき，時々人々が奇妙に行動すると思うだろう。これは文化が異なっているためである。文化とは人々の集団が行動したり，考えたりする方法であり，世界中で異なっている。

❷ 例えば，あなたがヨーロッパ生まれなら，ほかの人と入浴することはとても奇妙だろう。なぜならヨーロッパでは人々は通常一人で入浴するからだ。しかしながら，日本や韓国の人々にとっては，それは文化の一部であるため，全く奇妙なことではない。彼らは生まれてからずっとそのようにしてきた。彼らにとっては当然のことなのだ。

重要語句リスト

❶

□ sometimes	副	時々
□ when	接	～のとき
□ visit	動	～を訪れる
□ foreign country	名	外国
□ think	動	考える
□ people	名	人々
		→ person の複数形
□ act	動	行動する
□ strangely	副	奇妙に
□ This is because S V		
	熟	これはSがVするためだ
□ culture	名	文化
□ different	形	異なる
□ a group of ～	熟	～の集団
□ how S V	熟	SがVする方法
□ all over the world	熟	世界中で

❷

□ for example	熟	例えば
□ be born in ～	熟	～で生まれる
□ take a bath	熟	入浴する
□ other	形	ほかの
□ very	副	とても
□ strange	形	奇妙な
□ usually	副	通常
□ bathe	動	入浴する
□ alone	副	一人で
□ not ..... at all	熟	全く ..... ない
□ part	名	一部
□ since S V	接	SがVして以来
□ natural	形	当然の

❸ [What you eat] is different (from culture to culture), (too). Some
  S̲   S̲' V̲'   V̲ C̲   S̲

people are surprised (that French people eat snails and Japanese people
       V̲ C̲   S̲'①   V̲'① O̲'①   S̲'②

eat whales), but (for them), these foods are not strange (at all). (In some
V̲'② O̲'②   S̲   V̲   C̲

cultures), people eat insects and seaweeds. Many Indian people (never)
           S̲   V̲ O̲   S̲

eat beef, (although [eating beef] is quite common (in many other
V̲ O̲   S̲'   V̲' C̲'

cultures)). (For Indians), a cow is a holy animal.
                           S̲   V̲ C̲

❹ (When we learn about other cultures), we are (often) surprised, but
        S̲' V̲'   O̲'   S̲① V̲①   C̲①

there is no right or wrong. No culture is better or worse (than another).
      V̲②S̲②   S̲   V̲ C̲

So, it is important [to respect and understand other cultures (to be a real
    S̲ V̲ C̲

global person)].

---

❷「Some people are surprised that S V」は「S が V して驚く人もいる」の意味。surprised
や happy などのような感情を表す語の直後に「that S V」「to 動詞の原形」が続く場合は，
その感情に至った原因を表している。

❸否定語はそれ以降の内容を否定する。ここでは文頭に No があるため「ある文化がほかの文
化よりもすぐれていたり，劣っていたりする」という内容全体を否定している。よって，「ど
の文化もほかの文化に対してすぐれていたり，劣っていたりはしない」という内容となる。

❸ 何を食べるかも，文化によって異なる。フランス人がカタツムリを食べ，日本人が鯨を食べることに驚く人もいるが，彼らにとってはこれらの食べ物は全く奇妙ではない。いくつかの文化では，人々は昆虫と海藻を食べる。多くのほかの文化では牛肉を食べることはかなり一般的であるにもかかわらず，多くのインド人は決して牛肉を食べない。インド人にとって，牛は神聖な動物なのだ。

❹ 私たちはほかの文化について学ぶとき，しばしば驚かされるが，正解や不正解はない。どの文化もほかの文化に対してすぐれていたり，劣っていたりはしない。だから，本当の国際人になるためには，ほかの文化を尊重し，理解することが重要だ。

❸

☐ what S V	熟 S が V するもの［こと］
☐ eat	動 〜を食べる
☐ some people V	熟 V する人々もいる
☐ be surprised that S V	熟 S が V することに驚く
☐ snail	名 カタツムリ
☐ whale	名 鯨
☐ food	名 食べ物
☐ insect	名 昆虫
☐ seaweed	名 海藻
☐ Indian	形 インドの
☐ never	副 決して〜ない
☐ beef	名 牛肉
☐ although S V	接 S が V するにもかかわらず
☐ quite	副 かなり
☐ common	形 一般的な
☐ cow	名 牛
☐ holy	形 神聖な
☐ animal	名 動物

❹

☐ learn about 〜	熟 〜について学ぶ
☐ often	副 しばしば
☐ right	名 正しいこと
☐ wrong	名 正しくないこと
☐ no 〜 V	熟 V する〜はない
☐ better	形 よい
	good-better-best
☐ worse	形 悪い
	bad-worse-worst
☐ than	前 〜よりも
☐ another	代 別のもの
☐ so S V	接 だから S は V する
☐ important	形 重要な
☐ it is ... to V	熟 V するのは ... だ
	→形式主語構文
☐ respect	動 〜を尊重する
☐ understand	動 〜を理解する
☐ real	形 本当の
☐ global	形 世界的な
☐ person	名 人

LEVEL-1

Lesson 02
問題文

単語数 ▶ 204 words
制限時間 ▶ 20 分
目標得点 ▶ 40 / 50点

DATE

■次の英文を読み，あとの設問に答えなさい。

　Many animals are disappearing from this world. Although some animals disappear naturally, others disappear （ 1 ） human activities. In fact, since about 400 years ago, animals have been dying （ 2 ） faster than before. For example, there used to be wolves in Japanese forests. However, they disappeared at the beginning of the 20th century.

　As the human population has grown, people have eaten （ 3 ） and （ 3 ） animals. Thus, some fish, like eels, are quickly decreasing in number. Also, some people have killed beautiful animals to decorate their houses and themselves. For example, people have killed many tigers, crocodiles, elephants, and other wild animals to get their skin and fur.

　Humans kill animals they find useful as food and decoration; they also kill those they find harmful or ugly. Thus, humans kill many animals, such as insects or spiders, even when they are doing no harm — just because they are unattractive. (a)（ often /

many / humans / use / chemicals / the animals / kill / to)

Now, we should stop (4); do we have the right to choose which animals can live and which cannot? Is the life of a cute panda heavier than an ugly rat's? These questions may be the start of learning about animal rights.

設問

（1）　（　1　）に当てはまる最も適切なものを，次の選択肢の中から1つ選びなさい。

1 thanks to 　　　　　　**2** because of

3 according to 　　　　　**4** in spite of

（2）　（　2　）に当てはまる最も適切なものを，次の選択肢の中から1つ選びなさい。

1 out 　　　**2** of 　　　**3** from 　　　**4** in

（3）　（　3　）に共通して当てはまる最も適切なものを，次の選択肢の中から1つ選びなさい。

1 much 　　**2** many 　　**3** less 　　**4** more

（4）　（　4　）に当てはまる最も適切なものを，次の選択肢の中から1つ選びなさい。

1 reconsidering 　　　　　**2** to reconsider

3 reconsideration 　　　　**4** reconsider

（5）　人間が動物を殺す理由の例として最も適切な動物，または動物のグループを，次の選択肢の中から1つずつ選びなさい。

A　それらを食べるため　　　　B　それらを装飾に使うため

C　それらが有害である，もしくは醜いため

1 eels 　　　　　　　　　　**2** insects, spiders

3 tigers, crocodiles, elephants

（ 6 ）　下線部(a)の英文の意味が通るように，（　　）内の単語を並べ替えなさい。

（ 7 ）　本文の内容と一致するものを，次の選択肢の中から 2 つ選びなさい。

1　No animals have disappeared naturally from this world.

2　Wolves disappeared in Japan around 2000.

3　Humans kill animals to benefit from their body parts.

4　Humans don't kill animals just because they look ugly.

5　It is time for humans to think about animal rights again.

解 答 用 紙			
(1)		**(2)**	
(3)		**(4)**	
(5)	A　　　　　　　　　B　　　　　　　　　C		
(6)			
(7)			

解答・解説

(1)　**1**　～のおかげで　　　　**②**　～のせいで

　　　　3　～によれば　　　　　**4**　～にもかかわらず

　▶ because of ～は「（原因）のせいで」です。～には名詞が入ります。because はほかにも because S V「S が V するので」の形でも使われます。名詞が続くのか，S V が続くのかで区別します。

(2)　　文脈から「絶滅する」という意味の熟語 die out が問われていると判断できます。また，of, from, in は，「die of [from] 死因（～で亡くなる）」，「die in 戦争（戦争で亡くなる）」の意味で使われます。

(3)　**1**　たくさんの　　　　　　**2**　たくさんの

　　　　3　より少ない　　　　　　**④**　より多い

　▶ more and more ～は「ますます多くの～」という重要表現です。本文が動物の絶滅に関する文であることと，続く文がウナギのような魚の減少について述べていることから，「人々は多くの動物を食べてきた」ことがわかります。

(4)　　文脈から「立ち止まって考え直す」という意味の stop to reconsider が正しいと判断できます。stop to V「立ち止まって V する」と stop Ving「V するのを止める」の区別に注意しましょう。

(5)　A　**第2段落**第1～2文から，食べるために殺されるのは **1** eels とわかります。

　　　　B　**第2段落**第3～4文から，装飾に使うために殺されるのは **3** tigers, crocodiles, elephants とわかります。

　　　　C　**第3段落**第1～2文から，有害である，もしくは醜いために殺されるのは **2** insects, spiders とわかります。

(6)　　語句群の to と kill がヒント。不定詞の副詞的用法で，to kill the animals「動物を殺すために」と目的を表すことができます。often は通常，動詞の前に置かれることに注意して残りも並び替えます。下線部の

後に続く they don't like は like の目的語がないため**関係代名詞節**だとわかります。よって，**先行詞 the animals を修飾している**ことに気がつくかが問われています（they の前にある目的格の関係代名詞 that が省略）。

（7）　**1**　この世界から自然に消滅した動物はいない。

→**第1段落**第2文「自然に消滅する動物もいる」という記述に矛盾します。

　　　2　オオカミは 2000 年頃に日本で絶滅した。

→**第1段落**最終文「それら［オオカミ］は 20 世紀の初めに姿を消した」とあります。20 世紀は 1901 年〜 2000 年なので，矛盾します。西暦と世紀の言い換えはまぎらわしいので，注意しましょう。

　　　③　人間は動物の身体のパーツから利益を得るために動物を殺す。

→**第2段落**第3〜最終文に一致します。their skin and fur が their body parts と言い換えられています。このように選択肢では本文の内容が言い換えられていることも多いので，多くの問題を解いて慣れていきましょう。

　　　4　人間は醜いからというだけで動物を殺すことはない。

→**第3段落**第1文「（人間は）有害である，もしくは醜いと思う動物も殺す」という記述に矛盾します。

　　　⑤　今は人間が動物の権利についてもう一度考えるときだ。

→**第4段落**第1文に一致します。

正　解			
（1）(5点)	2	**（2）**(5点)	1
（3）(5点)	4	**（4）**(5点)	2
（5）(各3点)	A　1	B　3	C　2
（6）(7点)	Humans often use many chemicals to kill the animals		
（7）(各7点)	3, 5		

得点	（1回目）	（2回目）	（3回目）	CHECK YOUR LEVEL	0〜30点 ➡ *Work harder!* 31〜40点 ➡ *OK!* 41〜50点 ➡ *Way to go!*
	／50点				

Lesson 02
構造確認

［　］＝名詞　　￣￣＝修飾される名詞　　＜　＞＝形容詞・同格　　（　）＝副詞
S＝主語　V＝動詞　O＝目的語　C＝補語　'＝従節

❶ Many animals are disappearing (from this world). (Although some
　　S　　　　　　V　　　　　　　　　　　　　　　　　　　　　　　　　S'

animals disappear (naturally)), others disappear (because of human
　　　　　V'　　　　　　　　　　　　S　　　V　　**1**

activities). (In fact), (since about 400 years ago), animals have been dying
　　　　　　　　　　　　　　　　　　　　　　　　　　　S　　　V

out (faster) (than before). (For example), there used to be wolves (in
　　　　　　　　　　　　　　　　　　　　　　2　　V　　　　S

Japanese forests). (However), they disappeared (at the beginning of the
　　　　　　　　　　　　　　　S　　V

20th century).

❷ (As the human population has grown), people have eaten more and
　3 S'　　　　　　　　　　V'　　　S　　　V　　　O

more animals. (Thus), some fish, <like eels>, are (quickly) decreasing
　　　　　　　　　4 S　　　　　　　　　V

(in number). (Also), some people have killed beautiful animals (to
　　　　　　　　　S　　　　　V　　　O

decorate their houses and themselves). (For example), people have killed
　　　　　　　　　　　　　　　　　　　　　　　　　　S　　V

many tigers, crocodiles, elephants, and other wild animals (to get their
O

skin and fur).

―――――――― 構文解説 ――――――――

1 「because of ～」は「～が原因で」を意味する前置詞。「結果 because of 原因」のように因
　　果関係を示す。ここでは，「(原因) 人間の活動→(結果) 消滅する動物もいる」の関係。

2 「used to 動詞の原形」は「以前はよく～していた」を意味する表現。この表現には，「以前
　　はよく～していたが，今は違う」のように現在の内容まで含まれる。よって，ここでは「以
　　前は (よく) オオカミがいた (が，今はいない)」の意味。

3 「as S V」は「①S が V するので」「②S が V するとき」「③S が V する (のと同じ) ように」
　　「④S が V するにつれて」など，様々な意味を持つ重要な接続詞。この文の has grown の
　　ように変化を伴う動詞や，比較級などと一緒に用いられる場合は「④S が V するにつれて」
　　の意味になるのが基本。

4 「A, like B」は「A, 例えば B のような」のように，B は A に対する具体例となっている。こ
　　こでは，「A = some fish (魚)」「B [具体例] = eels (ウナギ)」となっている。

【和訳】

❶ 多くの動物がこの世界から消えつつある。自然に消滅する動物もいるけれども，人間の活動のせいで消滅する動物もいる。実際に 400 年前頃から，動物たちが以前よりも速く絶滅してきている。例えば，以前は日本の森にはオオカミがいた。しかしながら，それらは 20 世紀の初めに姿を消した。

❷ 人口が増加するにつれて，人々はますます多くの動物を食べてきた。したがって，ウナギのような魚は急速に数が減少しつつある。また，家や自分たち自身を装飾するために，美しい動物を殺してきた人々もいる。例えば，人々は皮や毛皮を手に入れるために，たくさんのトラ，クロコダイル，象，そしてほかの野生動物を殺してきた。

重要語句リスト

❶

disappear	動	消える
although S V	接	S は V するけれども
naturally	副	自然に
because of 〜	熟	〜のせいで
human activity	名	人間の活動
in fact	熟	実際に
since about 〜	熟	〜頃以来
die out	熟	絶滅する
faster	形	速い

fast-faster-fastest

than before	熟	以前よりも
used to V	熟	以前は V していた
wolves	名	オオカミ

→ wolf の複数形

forest	名	森
at the beginning of 〜		
	熟	〜の初めに
20th century	名	20 世紀

❷

as	接	〜につれて
human population		
	名	人口
grown	動	増加する

grow-grew-grown

more and more 〜		
	熟	ますます多くの〜
thus	副	したがって
fish	名	魚
eel	名	ウナギ
quickly	副	急速に
decrease in number		
	熟	数が減少する
kill	動	〜を殺す
beautiful	形	美しい
decorate	動	〜を装飾する
house	名	家
tiger	名	トラ
crocodile	名	クロコダイル
elephant	名	象
wild	形	野生の
get	動	〜を手に入れる
skin	名	皮
fur	名	毛皮

Lesson 02

❸ Humans kill [animals] <they find useful (as food and decoration)>[5];
they (also) kill [those] <they find harmful or ugly>. (Thus), humans kill
[many animals], <such as insects or spiders>, (even when they are doing
no harm) — (just because they are unattractive). Humans (often) use
many chemicals (to kill [the animals] <they don't like>).

❹ (Now), we should stop (to reconsider); do we have [the right] <to
choose [which animals can live] and [which cannot]>? Is [the life] <of a
cute panda> heavier (than an ugly rat's)? These questions may be [the
start] <of learning about animal rights>.

15

20

---

5 「as ～」は「～として」の意味の前置詞。as の後ろが名詞のみの場合は前置詞であり，後ろ
にＳＶが続く場合は接続詞である。

6 「; (セミコロン)」は句読点の一種で，直前の文と強い関係性がある文をつなぐ働きがある。
ここでは，「人間は，食糧や装飾品として役に立つと思う動物を殺す。また，有害である，
もしくは醜いと思う動物も殺す」のような「人間が動物を殺す目的」に関する２文をつない
でいる。

7 疑問詞 which で始まる節は名詞節で，to choose の目的語になっている。また，この文に
は and があるが，A and B は A と B が「語と語」「句と句」「節と節」「文と文」のように同
じ形を並べる。ここでは，「A = which animals can live」「B = which (animals) cannot
(live)」のように，to choose の目的語を２つ並べている。animals と live のように A と B で
同じ語句が使用されている場合は，一方が省略されることがある。

❸ 人間は，食糧や装飾品として役に立つと思う
動物を殺す。また，有害である，もしくは醜いと
思う動物も殺す。したがって，それらが害を及ぼ
していないときでさえ，魅力がないというだけ
で，人間は昆虫やクモのような多くの動物を殺す
のだ。人間は，自分たちが好きでない動物を殺す
ためにしばしば多くの化学薬品を使う。

❹ 今こそ，私たちは立ち止まって考え直すべき
だ。私たちはどの動物が生きることができて，ど
の動物が生きることができないかを選ぶ権利を持
っているのだろうか？　かわいいパンダの命の方
が，醜いネズミの命よりも重いのだろうか？　こ
れらの問いは，動物の権利について学び始める第
一歩になるかもしれない。

❸

☐ find O C	動 O が C であると思う
☐ useful	形 役に立つ
☐ as	前 〜として
☐ decoration	名 装飾品
☐ harmful	形 有害な
☐ ugly	形 醜い
☐ A such as B	熟 B のような A，A 例えば B
☐ spider	名 クモ
☐ even when S V	熟 S が V するときでさえ
☐ do no harm	熟 害を及ぼさない
☐ just because S V	熟 S が V するというだけで
☐ unattractive	形 魅力がない
☐ chemical	名 化学薬品

❹

☐ stop to V	熟 立ち止まって V する
☐ reconsider	動 考え直す
☐ right to V	熟 V する権利
☐ choose	動 〜を選ぶ
☐ live	動 生きる
☐ life	名 命
☐ cute	形 かわいい
☐ panda	名 パンダ
☐ heavier	形 重い
	heavy-heavier-heaviest
☐ rat	名 ネズミ
☐ question	名 問い
☐ start	名 第一歩
☐ animal rights	名 動物の権利

END　　29

Lesson 03
問題文

単語数 ▶ 215 words
制限時間 ▶ 20 分
目標得点 ▶ 40 / 50点

DATE

■次の英文を読み，あとの設問に答えなさい。

Japan and the United States are very friendly toward each other now. Many Japanese and Americans visit each other's country, and a lot of people do business together. Japanese people love American movies, and American people love Japanese animation. So many young students are surprised (a)<u>to hear</u> that there was a big war （ 1 ） Japan and the United States. This war was called the Pacific War.

The war started when Japanese airplanes suddenly attacked Pearl Harbor in Hawaii in 1941. In this attack, many American battleships were sunk and many young marines died. American people got very angry at this "surprise attack."

At first Japan was very strong and won many battles, but in the Battle of Midway island, the United States beat Japan, and the Japanese navy lost many ships. This became the turning point of the war. After this, Japan kept losing battles.

(A)<u>Many people began to think Japan would never win the</u>

<u>war, but Japan didn't surrender easily.</u>　In August 1945, the United States dropped two atomic bombs on the Japanese cities of Hiroshima and Nagasaki, and Japan finally surrendered.

20　　Although this is a （　2　） history, we should never forget the war.　If we learn about the war, we can realize the importance of peace and the friendship between our two countries.

Lesson 03
設問

(1) （ 1 ）に当てはまる最も適切なものを，次の選択肢の中から 1 つ選び
なさい。

1 between　　**2** among　　**3** for　　　　**4** during

(2) （ 2 ）に当てはまる最も適切なものを，次の選択肢の中から 1 つ選び
なさい。

1 beautiful　　**2** kind　　　**3** sad　　　　**4** happy

(3) 下線部(a)と同じ用法の不定詞を含む文を，次の選択肢の中から 1 つ選
びなさい。

1 Two weeks ago, I decided to go abroad.

2 I cooked dinner to please my grandparents.

3 I was glad to see my aunt.

4 He must be a genius to answer those difficult questions.

(4) 下線部(A)を和訳しなさい。

（5）　本文の内容と一致する場合には T，違っている場合には F と答えなさ

い。

1　Young people sometimes don't know Japan and the United States fought in the Pacific War.

2　Nobody thinks Japan and the United States are friendly toward each other.

3　Before the end of the war, some people thought Japan could not win.

4　Japan surrendered before the atomic bombs were dropped.

5　We should forget everything about the sad history of the war.

解　答　用　紙						
（1）		**（2）**		**（3）**		
（4）						
（5）	**1**	**2**	**3**	**4**	**5**	

解答・解説

（1） 　　between A and B（A と B の間に）は重要表現です。**1** between は 2 つのものの間，**2** among は 3 つ以上のものの間，**3** for は for two days のように**数字がついた期間**の間，**4** during は during my stay のような**特定期間**の間に使います。

（2） **1** 美しい　　　　　　　　　**2** 親切な
　　 ③ 悲しい　　　　　　　　　**4** 嬉しい
　　 ▶「これは（ 2 ）歴史だが，私たちは決してその戦争を忘れるべきではない」が文意です。「その戦争を忘れるべきではない」とあるので，（ 2 ）には悲しいなどの**マイナスイメージ**の語句が入ると判断できます。

（3） **1** 2 週間前，私は海外へ行く決心をした。（名詞的用法）
　　 2 祖父母を喜ばせるために，私は夕食を作った。（副詞的用法：目的）
　　 ③ おばに会えて私は嬉しかった。（副詞的用法：感情の原因）
　　 4 あれらの難しい問題に答えるなんて，彼は天才に違いない。
　　　　　　　　　　　　　　　　　　　　　　（副詞的用法：判断の根拠）
　　 ▶下線部(a)が第 2 文型 many young students are surprised の後ろに付け足されていることと，to V 以降に「驚いた」という感情の原因が示されていることから，「V して」という意味の不定詞の副詞的用法（感情の原因）だとわかります。

（4） 　　think と Japan の間には接続詞の that が省略されています。また，surrender の意味がわからなくても，「日本はその戦争に決して勝てないだろうと思い始めたが，日本は簡単には（　　）しなかった」という文脈から，surrender は「降伏する」「諦める」などの意味ではないかと推測できます。

（5） **T 1** 日本とアメリカ合衆国が太平洋戦争で戦ったということを知らない若者が時々いる。

→**第1段落**第4文に「多くの若い学生は日本とアメリカ合衆国の間に大きな戦争があったことを聞くと驚く」という記述があります。驚いていることから，その事実を知らないと考えられます。

F 2 日本とアメリカはお互いに対して友好的だと思う人は誰もいない。

→**第1段落**第1文「お互いに非常に友好的である」という記述に矛盾します。

T 3 戦争が終わる前，日本は勝てないと思っていた人もいた。

→**第4段落**第1文に一致します。

F 4 原子爆弾が落とされる前に，日本は降伏した。

→**第4段落**第2文に，原子爆弾投下後に降伏したことが書かれています。

F 5 私たちはその戦争の悲しい歴史に関するあらゆることを忘れるべきだ。

→**第5段落**第1文「私たちは決してその戦争を忘れるべきではない」という記述に矛盾します。

正　解				
（1）(4点)	1	**（2）**(4点) 3		**（3）**(4点) 3
（4）(8点)	多くの人々が日本はその戦争に決して勝てないだろうと思い始めたが，日本は簡単には降伏しなかった。			
（5）(各6点)	1 T　　2 F　　3 T　　4 F　　5 F			

得点	(1回目) ／50点	(2回目)	(3回目)	CHECK YOUR LEVEL	0〜30点 ➡ *Work harder!* 31〜40点 ➡ *OK!* 41〜50点 ➡ *Way to go!*

Lesson 03
構造確認

〔 〕=名詞　□=修飾される名詞　＜ ＞=形容詞・同格　（ ）=副詞
S=主語　V=動詞　O=目的語　C=補語　'=従節

❶ Japan and the United States are very friendly (toward each other)
　　S　　　　　　　　　　　　　V　　　　 C
(now). **1**Many Japanese and Americans visit each other's country, and a
　　　　　S　　　　　　　　　　　　　V　　O　　　　　　　　　 S
lot of people do business (together). Japanese people love American
　　　　　　V　O　　　　　　　　　　 S　　　　 V　 O
movies, and American people love Japanese animation. **2**(So) many young
　　　　　　S　　　　 V　 O　　　　　　　　　　　 S
students are surprised (to hear [that there was a big war (between Japan
　　　 V　 C　　　　　　　　　　　 V'　 S'
and the United States)]). This war was called the Pacific War.
　　　　　　　　　　　　　S　　 V　　 C
❷ The war started (when Japanese airplanes (suddenly) attacked Pearl
　 S　　 V　　　　　 S'　　　　　　　　　　 V'　　 O'
Harbor <in Hawaii> (in 1941)). (In this attack), many American
　　　　　　　　　　　　　　　　　　　　　　　　 S
battleships were sunk and many young marines died. American people
　　　　 V　　　　　　 S　　　　　　 V　　 S
got very angry (at this "surprise attack.")
V　　 C

--------- 構文解説 ---------

1 A and B は A と B が「語と語」「句と句」「節と節」「文と文」のように同じ形を並べる。文中に and が2つあるが，最初の and は「A = Many Japanese」「B = (Many) Americans」を並べ，2つ目は「A = Many Japanese ... country」「B = a lot of people ... together」を並べている。また，最初の and の Many のように A と B で同じ語句が使用されている場合は，一方が省略されることがある。

2「文 . So S V」は「…。だから，S は V する」の意味。So の前の文［または前の文まで］が原因［理由］を表し，So に続く S V がその結果を表す。ここでは，前文までの内容「（原因）日本とアメリカ合衆国は現在，お互いに非常に友好的である」→「（結果）多くの若い学生は日本とアメリカ合衆国の間に大きな戦争があったことを聞くと驚く」の因果関係がある。

【和訳】

❶ 日本とアメリカ合衆国は現在，お互いに非常に友好的である。多くの日本人とアメリカ人はお互いの国を訪問し，多くの人々が協力して仕事をする。日本人はアメリカの映画が大好きで，アメリカ人は日本のアニメが大好きである。だから，多くの若い学生は日本とアメリカ合衆国の間に大きな戦争があったことを聞くと驚く。この戦争は，太平洋戦争と呼ばれた。

❷ 日本の飛行機が1941年にハワイの真珠湾を不意に攻撃したとき，その戦争は始まった。この攻撃で，多くのアメリカの戦艦が沈没し，多くの若い海兵隊員が亡くなった。アメリカ人は，この「奇襲攻撃」に非常に腹を立てた。

重要語句リスト

❶

friendly	形	友好的な
toward	前	～に対して
each other	代	お互い
business	名	仕事，商売
together	副	協力して，一緒に
movie	名	映画
animation	名	アニメ
so S V	接	だからSはVする
war	名	戦争
between A and B	熟	AとBの間に
call O C	動	OをCと呼ぶ
the Pacific War	名	太平洋戦争

❷

airplane	名	飛行機
suddenly	副	不意に，突然
attack	動	～を攻撃する
	名	攻撃
Pearl Harbor	名	真珠湾
Hawaii	名	ハワイ
battleship	名	戦艦
sunk	動	～を沈没させる
		sink-sank-sunk
marine	名	海兵隊員
get angry	熟	怒る
surprise attack	名	奇襲攻撃

Lesson 03

37

❸ (At first) Japan was very strong and won many battles, but (in the
    S   V① C① V② O②

Battle of Midway island), the United States beat Japan, and the Japanese
                              S   V   O   S

navy lost many ships. This became [the turning point] <of the war>.
     V   O   S   V   C

(After this), Japan kept losing battles.
              S   V   C

❹ Many people began [to think [Japan would never win the war]], but   15
   S   V   O   S'   V'   O'

Japan didn't surrender (easily). (In August 1945), the United States
 S   V   S

dropped two atomic bombs (on [the Japanese cities] <of Hiroshima and
 V   O

Nagasaki>), and Japan (finally) surrendered.
                 S   V

❺ (Although this is a sad history), we should never forget the war. (If
             S'   V' C'   S   V   O

we learn (about the war)), we can realize [the importance] <of peace> and   20
 S' V'   S   V   O①

[the friendship] <between our two countries>.
 O②

❸ but は A and B と同様に同じ形を並べる。また，A but B は A と B が逆の内容になるこ
とが多い。ここでは「A = At first ... battles」「B = in the Battle of Midway island ...
ships」を並べ，A は「日本は戦闘に勝っていった」という内容，B は「日本は戦闘に負け始
めた」の内容になっている。

38

Lesson
03

❸ 最初，日本は非常に強く，数多くの戦闘に勝ったが，ミッドウェー諸島の戦いで，アメリカ合衆国は日本を打ち負かし，日本の海軍は多くの船を失った。このことが戦争の転換点となった。この後，日本は戦闘に負け続けた。

❹ 多くの人々が日本はその戦争に決して勝てないだろうと思い始めたが，日本は簡単には降伏しなかった。1945 年 8 月，アメリカ合衆国は広島と長崎という日本の都市に 2 発の原子爆弾を落とし，ついに日本は降伏した。

❺ これは悲しい歴史だが，私たちは決してその戦争を忘れるべきではない。戦争について学べば，私たちは平和の大切さと，私たち二国間の親交をはっきり理解することができるのだ。

❸

☐ at first 　㊝ 最初は
☐ strong 　㊌ 強い
☐ won 　㊙ ～に勝つ
　　　　　win-won-won
☐ battle 　㊇ 戦闘
☐ island 　㊇ 島
☐ beat 　㊙ ～を打ち負かす
　　　　　beat-beat-beat(en)
☐ navy 　㊇ 海軍
☐ lost 　㊙ ～を失う，～に負ける
　　　　　lose-lost-lost
☐ turning point 　㊇ 転換点
☐ keep Ving 　㊝ V し続ける

❹

☐ surrender 　㊙ 降伏する
☐ drop 　㊙ ～を落とす
☐ atomic bomb 　㊇ 原子爆弾
☐ finally 　㊐ ついに，最終的に

❺

☐ although S V 　㊤ S は V するけれども
☐ sad 　㊌ 悲しい
☐ history 　㊇ 歴史
☐ realize 　㊙ ～をはっきり理解する
☐ peace 　㊇ 平和
☐ friendship 　㊇ 親交，友情

END　　39

LEVEL-1

Lesson 04
問題文

04

単語数 ▶ 217 words
制限時間 ▶ 20 分
目標得点 ▶ 40 ／50点

DATE

■次の英文を読み，あとの設問に答えなさい。

Thomas Edison was born in 1847, in the town of Milan, Ohio. Ever since he was very small, he wanted to know the reason for everything he saw. When he was in elementary school, he only studied (1) he liked, and asked the teachers many strange questions. (a)<u>Teachers didn't like him very much.</u> Finally he left school, and his mother taught him at home. He liked science very much, and did a lot of experiments in the basement of his house.

When he was twelve years old, he sold newspapers in trains (b)<u>in order to</u> get money for his experiments. He even did his experiments in moving trains and made his own newspapers.

After becoming an adult, he made his own laboratory and factory, and made many inventions. He made the first phonograph in the world. A phonograph is a machine (2) can record sounds. He recorded his own voice on this machine. (A)<u>Everybody who heard the sound coming from the</u>

machine was very surprised and was not able to sleep that night.

Before he died, he invented over 1000 things. He only invented things which made our lives happy, and he never invented any weapons of war. He hated war and loved peace.

(c)Not（ all over the world / him / only Americans / also / people / respect / but）very much.

設問

(1) （ 1 ）に当てはまる最も適切なものを，次の選択肢の中から1つ選びなさい。

1 what **2** that **3** which **4** who

(2) （ 2 ）に当てはまる最も適切なものを，次の選択肢の中から1つ選びなさい。

1 where **2** whose **3** what **4** which

(3) 下線部(a)の理由は何であったと考えられますか。日本語で説明しなさい。

(4) 下線部(b)とほぼ同じ意味の語句を，英語3語で書きなさい。

(5) 下線部(c)の英文の意味が通るように，（　　）内の語句を並べ替えなさい。

(6) 下線部(A)を和訳しなさい。

(7) 本文の内容と一致する場合にはT，違っている場合にはFと答えなさい。

1 When he was young, Edison worked on trains.

2 Edison went to war and learned that war is bad.

3 Edison liked to take photographs of trains.

4 Edison invented a machine to record sounds.

5 Only the people in the United States respect Edison very much.

解 答 用 紙			
(1)		**(2)**	
(3)			
(4)			
(5)			
(6)			
(7)	1 2 3 4 5		

Lesson 04
解答・解説

(1)　（ 1 ）の前後の動詞 studied と liked がヒント。（ 1 ）には 2 文をつなぐ接続詞の働きをするものが入り，liked の目的語が抜けているため，目的格の関係代名詞が入ると判断できます。

さらに，（ 1 ）は studied の目的語の位置なので，名詞の働きを持った関係代名詞 **1** what が入るとわかります。

(2)　（ 2 ）の前後の動詞 is と can record がヒント。（ 2 ）には 2 文をつなぐ接続詞の働きをするものが入り，can record の主語が抜けているので，主格の関係代名詞が入るとわかります。先行詞が a machine なので，**4** which を入れれば正解です。

(3)　「先生たちは彼があまり好きではなかった」という結果になってしまった原因や理由は，一般的にその文の**前後どちらかの文**に書かれていることが多くあります。

ここでは，**直前の文が理由として考えられる**ので，その部分を抜き出してまとめれば正解です。

(4)　in order to V ＝ so as to V（V するために）は**目的を表す不定詞の重要表現**ですので，しっかり覚えておきましょう。

(5)　文頭の Not と，語句群の only，but，also がヒント。**not only A but also B（A だけでなく B も）**に気がつけば，一気に正解の文を書くことができます。

(6)　文の主語は Everybody，述語動詞は and で並べられ，was と was not able to sleep です。関係代名詞節の who から the machine までがきちんと先行詞 Everybody を修飾しているとわかるように訳しましょう。

（7）　**T　1**　小さかったとき，エジソンは列車で働いた。

　　　　　→**第2段落**第1文に一致します。

　　　F　2　エジソンは戦争に行き，戦争が悪いことだと学んだ。

　　　　　→本文にこのような記述はありません。

　　　F　3　エジソンは列車の写真を撮るのが好きだった。

　　　　　→本文にこのような記述はありません。

　　　T　4　エジソンは音を記録する機械を発明した。

　　　　　→**第3段落**第2〜3文に一致します。

　　　F　5　アメリカ合衆国の国民だけがエジソンをとても尊敬している。

　　　　　→**第4段落**最終文「アメリカ人だけでなく世界中の人々が，彼を非常に尊敬しているのだ」に矛盾します。

Lesson

04

正　解				
（1）(4点)	1		**（2）**(4点)	4
（3）(6点)	彼は自分が好きなものだけを勉強し，先生たちに多くの奇妙な質問をしたから。			
（4）(4点)	so as to			
（5）(5点)	only Americans but also people all over the world respect him			
（6）(7点)	音が機械から出てくるのを聞いた誰もがとても驚き，その夜は眠ることができなかった。			
（7）(各4点)	1　T　　　2　F　　　3　F　　　4　T　　　5　F			

得点	（1回目） ／50点	（2回目）	（3回目）	CHECK YOUR LEVEL	0〜30点 ➡ *Work harder!* 31〜40点 ➡ *OK!* 41〜50点 ➡ *Way to go!*

構造確認

[ ]=名詞　□=修飾される名詞　< >=形容詞・同格　( )=副詞
S＝主語　V＝動詞　O＝目的語　C＝補語　'＝従節

❶ Thomas Edison was born (in 1847), (in the town <of Milan, Ohio>).
　　　S　　　　　　　V

(Ever since he was very small), he wanted [to know the reason <for
　　　　　　S'　V'　　　C'　　　S　V　　　　O

everything <he saw>>]. (When he was (in elementary school)), he
　　　　　　S'　V'　　　　　　　　S'　V'　　　　　　　　　　S

(only) studied [what he liked], and asked the teachers many strange
　　　　V①　　　O①O'　S'　V'　　　　V②　　O②(A)　　　O②(B)

questions. Teachers didn't like him (very much). (Finally) he left school,
　　　　　　S　　　　V　　　　O　　　　　　　　　　　　S　V　O

and his mother taught him (at home). He liked science (very much), and
　　　S　　　　V　　　O　　　　　　　S　V①　O①

did a lot of experiments (in the basement <of his house>).
V②　O②

❷ (When he was twelve years old), he sold newspapers (in trains) (in
　　　　S'　V'　　　C'　　　　　　S　V　　O

order to get money <for his experiments>). He (even) did his
　　　　　　　　　　　　　　　　　　　　　　S　　　　V①　O①

experiments (in moving trains) and made his own newspapers.
　　　　　　　　　　　　　　　V②　O②

46

【和訳】

❶ トーマス・エジソンは，オハイオ州のミランという町で 1847 年に生まれた。彼はとても小さいときからずっと，自分が目にするすべてのものの理由を知りたがった。小学校のとき，彼は自分の好きなものだけを勉強し，先生たちに多くの奇妙な質問をした。先生たちは彼があまり好きではなかった。結局，彼は学校を退学し，母親が家で彼に勉強を教えた。彼は理科がとても好きで，家の地下室で数多くの実験をした。

❷ 12 歳のとき，実験のお金を得るために，彼は列車で新聞を売った。彼は動いている列車の中でさえ実験を行い，独自の新聞を作った。

重要語句リスト

❶

☐ reason	图 理由
☐ elementary school	
	图 小学校
☐ what S V	代 S が V するもの［こと］
☐ ask A B	動 A に B を尋ねる
☐ strange	形 奇妙な，不思議な
☐ question	图 質問
☐ finally	副 結局，ついに
☐ science	图 理科，科学
☐ experiment	图 実験
☐ basement	图 地下室

❷

☐ sold	動 ～を売る
	sell-<u>sold</u>-sold
☐ newspaper	图 新聞
☐ in order to V	熟 V するために
☐ get	動 ～を得る
☐ even	副 ～でさえ
☐ own	形 独自の，自身の

Lesson
04

❸ (After becoming an adult), he made his own laboratory and factory,
　　　　　　　　　　　　　　　　　S　V①　　O①
and made many inventions. He made ┌the first phonograph┐ <in the
　　V②　　O②　　　　　　　S　V　　　O
world>. A phonograph is ┌a machine┐ <which can record sounds>. He
　　　　　S　　　　　V　C　　　　　V'　　　O'　　　S
recorded his own voice (on this machine). ┌Everybody┐ <who heard the
V　　　　O　　　　　　　　　　　　　　S　　　V'　　O'
sound coming (from the machine)> was very surprised and was not able   15
　　　C'　　　　　　　　　　V①　　C①　　　　V②
to sleep (that night).

❹ (Before he died), he invented over 1000 things. He (only) invented
　　　　S'　V'　　S　V　　　O　　　　S　　　　V
■
┌things┐ <which made our lives happy>, and he never invented ┌any
O　　　　　V'　　O'　　C'　　　　S　　　V　　　O
weapons┐ <of war>. He hated war and loved peace. Not only Americans
　　　　　　　　S　V①　O①　　V②　　O②　　S
but also ┌people┐ <all over the world> respect him (very much).   20
　　　　　　　　　　　　　　　　V　　O

————————————————————構文解説————————————————————
■「人以外 + which .....」は「～する人以外」のように，人以外の名詞に説明を加える関係代名
　詞。

❸ 成人した後で，彼は自分の実験室と工場を建て，数多くの発明をした。彼は世界で最初の蓄音機を作った。蓄音機は，音を記録することができる機械である。彼はこの機械で自分の声を記録した。音が機械から出てくるのを聞いた誰もがとても驚き，その夜は眠ることができなかった。

❹ 亡くなる前に，彼は 1000 を超える発明をした。彼は私たちの生活を幸せにするものだけを発明し，戦争の兵器は決して発明しなかった。彼は戦争をひどく嫌い，平和を愛したのだ。アメリカ人だけでなく世界中の人々が，彼を非常に尊敬しているのだ。

Lesson

04

❸

☐ adult	ⓐ 成人，大人
☐ laboratory	ⓐ 実験室
☐ factory	ⓐ 工場
☐ invention	ⓐ 発明，発明品
☐ phonograph	ⓐ 蓄音機
☐ machine	ⓐ 機械
☐ record	ⓥ ～を記録する
☐ sound	ⓐ 音
☐ voice	ⓐ 声
☐ surprised	ⓐ 驚いた
☐ sleep	ⓥ 眠る

❹

☐ invent	ⓥ ～を発明する
☐ make A B	ⓥ A を B にする
☐ weapon	ⓐ 兵器
☐ war	ⓐ 戦争
☐ hate	ⓥ ～をひどく嫌う
☐ peace	ⓐ 平和
☐ not only A but also B	ⓟ A だけでなく B も
☐ respect	ⓥ ～を尊敬する

Please teach me, teacher!

Q 長文を読むことが苦手です。 どうすれば長文が読めるようになりますか？

A 英語には「単語」「熟語」「文法」「構文」といった，様々な分野の勉強があります。それらすべての力を統合して行わなければならないのが，長文の勉強なのです。長文の勉強とは，あらゆる分野の知識を総動員して挑むべきもの。いわば「総合芸」のようなものなのです。だからこそ最初から難しいことをやるのではなく，まずは簡単なものから始めて，「単語」「熟語」「文法」「構文」などの様々な分野の知識を組み合わせ，使いこなすことに慣れることを目指してください。

また，長文の勉強は，問題を一度解いて答え合わせをするだけでは意味がありません。確かに，たくさんの英文を読むこと，つまり「多読」は大切です。しかし，英語を学ぶ皆さんに強くおススメしたい勉強法は，同じ英文を何度も繰り返し読むことです。これは，すばやく内容をつかみ取る能力を磨く，最適な訓練になるのです。そのために，日々の習慣として取り組んでもらいたいのが，学習した長文のリスニングや，ネイティブの音をまねた「音読」です。

まずは，付属のネイティブスピーカーの音声を聞いて，内容が英語のまま楽しめるようになるまで，繰り返しましょう。

また，発音をまねながら，作者の気持ちになり，何度も繰り返し音読をしてください。音読には英文を後ろから返り読みせずに，左から右に読んでいく訓練ができるという利点に加え，音読を繰り返すことによって，英語を英語のまま理解する力が身につきます。実は，音読をして英語を理解するということは，皆さんの頭脳を，ネイティブスピーカーの頭脳に近づける一番の近道となるのです。

音声を中心とした勉強は，公園のベンチでも，ソファーの上でも，いつでも，どこでも行うことができます。机から離れ，様々な場所で楽しみながら「リスニング」や「音読」をする習慣をつけてみてはどうでしょうか。

LV1
STAGE-2

Lesson 05
問題文

単語数 ▶ 231 words
制限時間 ▶ 20 分
目標得点 ▶ 40 ／50点

DATE

■次の英文を読み，あとの設問に答えなさい。

Have you ever done a volunteer activity? In a volunteer activity, you help people in trouble without pay. Many students join volunteer activities during their vacations, and many working people (A)do so on Saturdays and Sundays. Some people donate money to volunteer groups.

In Cambodia, many people are sick because they can't get clean water. A lot of children are sick because they have to drink dirty water that has germs. They need more wells to get more clean water, (1) they don't have enough money and technology to dig wells.

A Japanese volunteer group is helping them (2) wells in Cambodia. They use recent digging technology, and they are digging many wells in poor villages. (B)This is hard work because it is very hot there and there are not many people who can use the machines.

Many people in Japan support their activity by donations.

They can dig one well for ¥100,000. This is not too expensive because you can save a lot of lives there. (C)<u>Some rich people and companies choose to spend money for poor people rather than for expensive cars.</u> Of course you don't always have to pay such a lot of money to be a volunteer. Ten yen is helpful enough if a lot of people make a donation.

Don't think it's difficult to start a volunteer activity. You can start one anytime, anywhere.

Lesson
05

設問

（1）　（　1　）に当てはまる最も適切なものを，次の選択肢の中から1つ選びなさい。

1 and 　　　　**2** but 　　　　**3** or 　　　　**4** so

（2）　（　2　）に当てはまる最も適切なものを，次の選択肢の中から1つ選びなさい。

1 dug 　　　　**2** digging 　　　　**3** to dig 　　　　**4** to digging

（3）　下線部(A)が指すものを，英語で抜き出しなさい。

（4）　下線部(B)，(C)を和訳しなさい。

（5）　本文の内容と一致する場合には T，違っている場合には F と答えなさい。

1 You don't get paid in volunteer activities.

2 Nobody makes donations for volunteer activities.

3 Cambodian people don't have enough wells to get clean water.

4 All the rich people want to buy expensive cars.

5 A ten yen donation is not helpful.

解 答 用 紙				
(1)		**(2)**		
(3)				
(4)	(B)			
	(C)			
(5)	1　　　　2　　　　3　　　　4　　　　5			

解答・解説

(1) **1** そして **②** しかし
3 もしくは **4** そうすれば

▶ (1) の直前「彼らにはより多くの井戸が必要なのだ」に対し，直後は「彼らには井戸を掘るのに十分なお金と科学技術がない」とつながっていることから，逆接のつなぎ言葉が使われていると判断できます。「必要なのだが，しかしお金と科学技術がない」となります。

(2) 重要表現 help ～ (to) V 原形 (～が V するのを手伝う) を問う問題です。V の直前の to は省略が可能です。

(3) 「do so」は**前に出た文の動詞表現以降の反復を避ける表現**なので，**and で 2 つの文が並べられていることに注意しながら，直前の文の動詞以降を抜き出せば良い**ということになります。
  このとき，do so の後ろには時の表現 on Saturdays and Sundays があるので，同じく時の表現 during their vacations まで抜き出さないように注意しましょう。

(4)
(B) and で 2 つの文を並べ，because S₁ V₁ and S₂ V₂ になっていることに注意しましょう。また，who から始まる関係代名詞の節が，先行詞 many people を修飾しているとわかるように訳しましょう。

(C) 文の主語が Some rich people and companies で，文の述語動詞が choose です。重要表現 A rather than B (B よりもむしろ A) に注意して訳しましょう。

(5) **T 1** ボランティア活動では給料をもらわない。

→**第1段落**第2文に一致します。

F 2 誰もボランティア活動に寄付をしない。

→**第1段落**最終文「ボランティア団体にお金を寄付する人たちもいる」という記述に矛盾します。

T 3 カンボジアの人々はきれいな水を得るのに十分な井戸がない。

→**第2段落**最終文に一致します。

F 4 すべての金持ちは高価な車を買いたがっている。

→**第4段落**第4文「富豪や会社の中には，高価な車に使うよりもむしろ，貧しい人たちにお金を使うことを選ぶ人もいる」という記述に矛盾します。

F 5 10円の寄付では役に立たない。

→**第4段落**最終文「たくさんの人たちが寄付すれば，10円でも十分役に立つのだ」という記述に矛盾します。

Lesson
05

正 解				
(1) (5点)	2		**(2)** (4点)	3
(3) (5点)	join volunteer activities			
(4) (各8点)	(B) そこは非常に暑く，機械を使える人があまりいないので，これは大変な作業なのだ。			
	(C) 富豪や会社の中には，高価な車に使うよりもむしろ，貧しい人たちにお金を使うことを選ぶ人もいる。			
(5) (各4点)	**1** T　　**2** F　　**3** T　　**4** F　　**5** F			

得点	(1回目) ／50点	(2回目)	(3回目)	CHECK YOUR LEVEL	0～30点 ➡ *Work harder!* 31～40点 ➡ *OK!* 41～50点 ➡ *Way to go!*

57

Lesson 05
構造確認

［ ］＝名詞　 ▭＝修飾される名詞　 < >＝形容詞・同格　 ( )＝副詞
S＝主語　 V＝動詞　 O＝目的語　 C＝補語　 '＝従節

❶ Have you (ever) done a volunteer activity?　 (In a volunteer activity),
 　　S　　　　　　 V　　 O

you help [people] <in trouble> (without pay).　 Many students join
 S　 V　　 O　　　　　　　　　　　　　　　　　　　　　　 S　　　　　　 V

volunteer activities (during their vacations), and many working people do
 O　　　　　　　　　　　　　　　　　　　　　　　　　　　　 S　　　　　　　　　　 V

so (on Saturdays and Sundays).　 Some people donate money (to volunteer
 O　　　　　　　　　　　　　　　　　　 S　　　　　　 V　　　 O

groups).

❷ (In Cambodia), many people are sick (because they can't get clean
 　　　　　　　　 S　　　　　 V　 C　　　　　　 S'　　 V'　　　 O'

water).　 A lot of children are sick (because they have to drink [dirty
 　　　　　 S　　　　　　　　 V　 C　　　　　　 S'　 V'　　　　　　　 O'

water] <that has germs>).　 They need more wells (to get more clean
 　　　　　　 V'　 O'　　　　　 S　 V　　 O

water), but they don't have [enough money and technology] <to dig
 　　　　　　 S　　 V　　　　 O

wells>.

──────────── 構文解説 ────────────

1 「S₁ V₁ because S₂ V₂」は「S₂ は V₂ するので，S₁ は V₁ する」の意味。S₂ V₂ が原因［理由］を表し，S₁ V₁ がその結果を表す。よって，ここには「(原因) きれいな水を得ることができない → (結果) 多くの人たちが病気にかかっている」の因果関係がある。

【和訳】

❶ あなたは今までにボランティア活動をしたことがあるだろうか。ボランティア活動では，お金をもらわずに，困難を抱えた人たちの手助けをする。多くの学生たちは自分たちの休暇中にボランティア活動に参加し，多くの働いている人たちは土曜日や日曜日に参加している。ボランティア団体にお金を寄付する人たちもいる。

❷ カンボジアでは，きれいな水を得ることができないために，多くの人たちが病気にかかっている。細菌がいる汚れた水を飲まなければならないために，たくさんの子供たちが病気にかかっている。もっときれいな水を得るために，彼らにはより多くの井戸が必要なのだが，彼らには井戸を掘るのに十分なお金と科学技術がないのだ。

重要語句リスト

❶

☐ ever	圖	今までに，かつて
☐ volunteer	图	ボランティア
☐ activity	图	活動
☐ trouble	图	困難，苦労
☐ without	前	〜なしに
☐ pay	图	報酬，給料
☐ join	動	〜に参加する
☐ during	前	〜の間に
☐ vacation	图	休暇，休日
☐ working people	图	働いている人たち
☐ donate	動	〜を寄付する

❷

☐ Cambodia	图	カンボジア
☐ sick	形	病気の
☐ get	動	〜を得る
☐ clean	形	清潔な
☐ have to V	熟	V しなければならない
☐ drink	動	〜を飲む
☐ dirty	形	不潔な，汚い
☐ germ	图	細菌
☐ well	图	井戸
☐ enough	形	十分な
☐ technology	图	科学技術
☐ dig	動	〜を掘る

Lesson
05

❸ A Japanese volunteer group is helping them to dig wells (in
‾S‾ V O C

Cambodia). They use recent digging technology, and they are digging
‾S‾ V ‾O‾‾‾‾‾‾‾‾‾‾ ‾S‾ V

many wells (in poor villages). This is hard work (because it is very hot
‾O‾‾‾‾ ‾S‾ V C S′ V′ C′

(there) and there are not [many people] <who can use the machines>).
V′ S′ V′ O′

❹ [Many people] <in Japan> support their activity (by donations). They 15
‾S‾‾‾‾‾‾ V O ‾S‾

can dig one well (for ¥100,000). This is not too expensive (because you
V O S′ V C S′

can save [a lot of lives] <there>). Some rich people and companies
V′ O′ ‾S‾‾‾‾‾‾‾‾‾‾‾‾‾‾‾‾‾‾‾‾‾‾

choose [to spend money (for poor people) rather than (for expensive
V O

cars)]. (Of course) you don't always have to pay such a lot of money (to
S V O

be a volunteer). **2** Ten yen is helpful enough (if a lot of people make a 20
‾S‾‾‾ V C S′ V′ O′

donation).

❺ **3** Don't think [it's difficult [to start a volunteer activity]]. You can start
V O S′ V′ C′ S V

one (anytime), (anywhere).
O

---

2 「S₁ V₁ if S₂ V₂」は「S₂ が V₂ するならば，S₁ は V₁ する」の意味。S₂ V₂ が条件を表し，
S₁ V₁ がその条件を満たした場合の結果を表す。よって，ここには「（条件）たくさんの人
たちが寄付する→（結果）10 円でも十分役に立つ［1 人 10 円でもたくさん集まれば大金に
なる]」の関係がある。

3 「Don't ＋動詞の原形」は「～するな」という禁止の意味を伝える命令文。また，think の直
後に接続詞 that が省略されている。「it is … to 動詞の原形」は「～するのは…だ」の意味
を表す。この it は形式主語で「それは」の意味はなく，「to 動詞の原形」を指す働き。

❸ ある日本人のボランティア団体が，カンボジアで彼らが井戸を掘るのを手伝っている。彼らは最近の採掘技術を使い，貧しい村々に数多くの井戸を掘っている。そこは非常に暑く，機械を使える人があまりいないので，これは大変な作業なのだ。

❹ 日本の多くの人たちが寄付によって彼らの活動を支援している。彼らは10万円で1つの井戸を掘ることができるのだ。そこにあるたくさんの命を救うことができるので，これは高すぎたりはしない。富豪や会社の中には，高価な車に使うよりもむしろ，貧しい人たちにお金を使うことを選ぶ人もいる。もちろん，ボランティアをするために，いつもそんなに多額のお金を払う必要があるわけではない。たくさんの人たちが寄付すれば，10円でも十分役に立つのだ。

❺ ボランティア活動を始めることが難しいことだと考えてはならない。あなたは，いつでも，どこででも始めることができるのだ。

❸

☐ help ～ (to) V	熟	～が V するのを手伝う
☐ recent	形	最近の
☐ digging	名	採掘
☐ poor	形	貧しい
☐ village	名	村
☐ hot	形	暑い
☐ machine	名	機械

❹

☐ support	動	～を支える
☐ donation	名	寄付
☐ expensive	形	高価な
☐ save	動	～を救う
☐ lives	名	生命，生活
		→ life の複数形
☐ company	名	会社
☐ choose	動	～を選ぶ
☐ spend	動	（お金）を使う
☐ A rather than B	熟	B よりもむしろ A
☐ of course	熟	もちろん
☐ not always	熟	いつも ..... とは限らない
☐ helpful	形	役立つ

❺

☐ it is ... to V	熟	V するのは…だ
		→形式主語構文
☐ anytime	副	いつでも
☐ anywhere	副	どこででも

Lesson
05

END　61

Lesson 06
問題文
LEVEL-1

単語数 ▶ 235 words
制限時間 ▶ 20 分
目標得点 ▶ 40 / 50点
DATE

■次の英文を読み，あとの設問に答えなさい。

Do you believe that there are aliens in space and they are visiting the earth? When you look at the many stars in the sky, you (1) think this is possible.

Many people say they have seen UFOs. UFOs are Unidentified Flying Objects. It means that we don't know what they are. Some say UFOs are spaceships used by aliens. Scientists found out most of them are balloons and human aircraft. (2), there are some mysterious UFOs. Even scientists don't know what they are. These UFOs (1) be alien spaceships.

Many years ago, a very strange rumor spread in Nevada, the United States; some Americans reported that the government had collected an alien spacecraft and done some experiments on them in a secret base. They said that after the government workers found the spacecraft, they also found alien bodies. Some shocking photos and videos of the aliens were released, but (A)(were / most of them / to / be / fake / believed).

Although the US government said there was no base like that, in 2013, (B)it admitted there is a base, and they are developing special kinds of planes there. However, the government didn't admit the relation (**3**) alien experiments. Some people think the government is lying. They believe it is a special base for alien experiments.

Like this, there are many mysteries about UFOs. Do you believe in them? Do you think they are our friends or enemies?

（ **1** ） （　**1**　）に共通して当てはまる最も適切なものを，次の選択肢の中から 1 つ選びなさい。

1 should **2** will

3 may **4** must

（ **2** ） （　**2**　）に当てはまる最も適切なものを，次の選択肢の中から 1 つ選び なさい。

1 For example **2** However

3 Therefore **4** Although

（ **3** ） （　**3**　）に当てはまる最も適切なものを，次の選択肢の中から 1 つ選び なさい。

1 of **2** at

3 for **4** to

（ **4** ） 下線部(A)の英文の意味が通るように，（　）内の単語を並べ替えなさ い。

（ **5** ） 下線部(B)が指すものを，本文中から英語 3 語で抜き出しなさい。

（**6**）　本文の内容と一致するものを，次の選択肢の中から 2 つ選びなさい。

1　UFOs stand for Unidentified Flying Objects.

2　Scientists have already found out what UFOs are.

3　American newspapers reported that the government had collected an alien spacecraft.

4　The US government admitted they have a base to develop planes.

5　The rumor spread in Nevada many years ago was true.

解　答　用　紙			
（1）		（2）	
（3）			
（4）			
（5）			
（6）			

解答・解説

（1）　**1**　するべきだ　　　　　　　　**2**　するだろう

　　　③　するかもしれない　　　　　**4**　しなくてはいけない

　　　▶文脈から，（ 1 ）を含む 2 つの文はそれぞれ「あなたが空のたくさんの星を見るとき，これ［宇宙には宇宙人がいて，彼らが地球を訪れること］がありうると思う**かもしれない**」，「これらの UFO は宇宙人の宇宙船**かもしれない**」のような内容になると判断できます。よって「**かもしれない**」という推測の意味を持つ **3** may が入るとわかります。

（2）　**1**　例えば　　　　　　　　　　**②**　しかしながら

　　　3　それゆえに　　　　　　　　**4**　〜にもかかわらず

　　　▶（ 2 ）の直前「科学者はそれら［UFO］の大半が風船や人間の飛行機だと突き止めた」に対し，直後は「不思議な UFO がいるのだ」とつながっていることから，「しかしながら」のような意味を持つ**逆接の副詞（句）**が使われていると判断できます。**4** although は 2 つの節をつなぐ接続詞なので，この場合には当てはまりません。

（3）　relation to 〜（〜との関係）という表現を問う問題です。to ではなくwith が使われることもあります。

（4）　語句群の believed, to, be がヒント。**were believed to be ...（…であると考えられた）**に気がつけば，一気に正解の文を書くことができます。

（5）　it を含む文に注目します。代名詞の多くは，**直前に出てきた名詞**を指します。it は単数名詞の反復を避ける代名詞なので，the US government を指していると判断できます。また，it を the US government に置き換えると「アメリカ政府は基地があることを認めた」のように意味も通ります。ただし，it を含む文の後ろの方に「to ＋動詞の原形」や「that S V」のような表現がある場合は，それらを指す場合もあるので注意しましょう。

（6）① UFO は未確認飛行物体を意味する。

→**第2段落**第2文に一致します。

2 科学者は UFO の正体をすでに発見した。

→**第2段落**第7文「科学者でさえもそれら［不思議な UFO］が何なのかわかっていない」に矛盾します。

3 アメリカの新聞は政府が宇宙人の宇宙船を集めていたと報じた。

→**第3段落**第1文に「アメリカ政府が宇宙人の宇宙船を集めて秘密の基地でそれらを使った実験を行ったと報告したアメリカ人もいた」とありますが，新聞が報じたという記述はありません。

④ アメリカ政府は飛行機を開発するための基地を持っていることを認めた。

→**第4段落**第1文に一致します。

5 ネバダで何年も前に広がったうわさは本当だった。

→**第4段落**でアメリカ政府がうわさについて否定をしたことは書かれていますが，うわさの真偽については明らかにされていません。

Lesson
06

正　解			
（1）(5点) 3		**（2）**(5点) 2	
（3）(5点) 4			
（4）(15点) most of them were believed to be fake			
（5）(6点) the US government			
（6）(各7点) 1, 4			

得点	（1回目）　／50点	（2回目）	（3回目）	CHECK YOUR LEVEL	0〜30点 ➡ *Work harder!* 31〜40点 ➡ *OK!* 41〜50点 ➡ *Way to go!*

Lesson 06
構造確認

[　]=名詞　□=修飾される名詞　＜　＞=形容詞・同格　（　）=副詞
S=主語　V=動詞　O=目的語　C=補語　'=従節

❶ Do you believe [that there are aliens (in space) and they are visiting the earth]? (When you look at the many stars <in the sky>), you may think [this is possible].

❷ Many people say [they have seen UFOs]. UFOs are Unidentified Flying Objects. It means [that we don't know [what they are]]. Some say [UFOs are spaceships <used by aliens>]. Scientists found out [most of them are balloons and human aircraft]. (However), there are some mysterious UFOs. Even scientists don't know [what they are]. These UFOs may be alien spaceships.

構文解説

■ that で始まる節は名詞節で，文の最後までの部分が believe という動詞の目的語になっている。また，この節の中に and があるが，A and B は A と B が「語と語」「句と句」「文と文」のように同じ形を並べる。ここでは，「A = there are aliens in space」「B = they are visiting the earth」を並べている。

■ 「be 動詞 + 動詞の ing」は「V しているところだ」という進行中の動作だけでなく，「V する予定だ」という，確実性の高い近い未来を表すことができる。ここでは後者の働きをしている。

■ say の直後に接続詞 that が省略されている。この節の主語は UFOs で，この主語に対応する動詞は are。「名詞 + 過去分詞」は「〜される名詞」のように直前の名詞に説明を加える分詞。

【和訳】

❶ あなたは宇宙には宇宙人がいて，彼らが地球を訪れると信じているだろうか？　あなたが空のたくさんの星を見るとき，これがありうると思うかもしれない。

❷ 多くの人々が，UFO を見たことがあると言う。UFO とは，未確認飛行物体のことだ。その名前は，私たちが彼らが何者なのか知らないということを意味する。UFO は宇宙人によって使われる宇宙船であると言う人もいる。科学者はそれらの大半が風船や人間の飛行機だと突き止めた。しかしながら，不思議な UFO がいるのだ。科学者でさえもそれらが何なのかわかっていない。これらの UFO は宇宙人の宇宙船かもしれない。

重要語句リスト

❶

□ believe	動	～を信じる
□ alien	名	宇宙人
□ space	名	宇宙
□ visit	動	～を訪れる
□ the earth	名	地球
□ look at ～	熟	～を見る
□ star	名	星
□ the sky	名	空
□ possible	形	ありうる

❷

□ seen	動	～を見る
		see-saw-seen
□ unidentified	形	未確認の
□ fly	動	飛ぶ
□ object	名	物体
□ Unidentified Flying Object (=UFO)	名	未確認飛行物体
□ mean	動	～を意味する
□ know	動	～を知っている
□ spaceship	名	宇宙船
□ use	動	～を使う
□ found	動	～を見つけ出す
		find-found-found
□ find out ～	熟	～を突き止める，～ということがわかる
□ balloon	名	（ゴム）風船
□ human	形	人間の
□ aircraft	名	飛行機
□ mysterious	形	不思議な
□ even	副	～でさえ

Lesson
06

❸ (Many years ago), a very strange rumor spread (in Nevada, the United
　　　　　　　　　　　　 S　　　　　　　　　 V
States); some Americans reported [that the government had collected an
　　　　　 S　　　　　　 V　　　 O　 S´①　　　　　　　 V´①　　　 O´①
alien spacecraft and done some experiments <on them> (in a secret
　　　　　　　　　　　　 V´②　　 O´②
base)]. They said [that (after the government workers found the
　　　 S　　 V　 O　　　　　　　　　 S´　　　　　　　 V´　　 O´
spacecraft), they (also) found alien bodies]. Some shocking photos and
　　　　　　 S´　　　　 V´　 O´　　　　　　 S①
videos <of the aliens> were released, but most of them were believed to
　　　　　　　　　　 V①　　　　　　 S②　　　 V②　　　　 C②
be fake.

❹ (Although the US government said [there was no base <like that>]),
　　　　　　 S´　　　　　　 V´　 O´　 V´´　 S´´
(in 2013), it admitted [there is a base, and they are developing special
　　　　　 S　 V　 O　 V´①S´①　　　 S´②　 V´②　　　 O´②
kinds of planes (there)]. (However), the government didn't admit the
　　　　　　　　　　　　　　　　　　 S　　　　　　 V　　　 O
relation <to alien experiments>. Some people think [the government is
　　　　　　　　　　　　　　　　 S　　　 V　 O´S´　　　　　　 V´
lying]. They believe [it is a special base <for alien experiments>].
　　　　 S　 V　 O´S´ V´　 C´
❺ (Like this), there are many mysteries <about UFOs>. Do you believe
　　　　　　　　　 V　 S　　　　　　　　　　　　 S　 V
in them? Do you think [they are our friends or enemies]?
 O　　　 S　 V　 O´S´　 V´　　　 C´

- -

❹「;（セミコロン）」は句読点の一種で，直前の文と強い関係性がある文をつなぐ働きがある。
ここでは，「とても奇妙なうわさが〜広まった。（そのうわさとは）アメリカ政府が〜」のよ
うに２つの文をつないでいる。

70

❸ 何年も前，とても奇妙なうわさがアメリカの
ネバダで広まった。アメリカ政府が宇宙人の宇宙
船を集めて秘密の基地でそれらを使った実験を行
ったと報告したアメリカ人もいた。彼らは，公務
員たちが宇宙船を見つけた後に，宇宙人の身体も
また発見したと言った。宇宙人の衝撃的な写真と
動画が公表されたが，それらの大半が偽物である
と考えられた。

❹ アメリカ政府はそのような基地はないと言っ
たが，2013 年に，基地があり，そこで特殊な種
類の飛行機を開発していることを認めた。しかし
ながら，政府は宇宙人の実験との関係を認めなか
った。政府が嘘をついていると考える人もいる。
彼らは基地が宇宙人の実験のための特殊な基地で
あると信じているのだ。

❺ このように，UFO に関する多くの謎がある。
あなたは彼ら（の存在）を信じるだろうか？　あ
なたは，彼らが私たちの友人か，それとも敵だと
思うか？

❸
- [ ] many years ago　熟 何年も前に
- [ ] very　副 とても
- [ ] strange　形 奇妙な，不思議な
- [ ] rumor　名 うわさ
- [ ] spread　動 広まる，広がる
  spread-spread-spread
- [ ] Nevada　名 ネバダ
- [ ] the United States　名 アメリカ合衆国
- [ ] some ~ V　熟 V する~もいる
- [ ] report　動 ~を報告する
- [ ] government　名 政府，政治
- [ ] collect　動 ~を集める
- [ ] experiment　名 実験
- [ ] secret　形 秘密の
- [ ] base　名 基地
- [ ] government worker　名 公務員
- [ ] also　副 ~もまた
- [ ] shocking　形 衝撃的な
- [ ] photo　名 写真
- [ ] video　名 動画
- [ ] release　動 ~を公表する
- [ ] believe O to be C　熟 O が C であると思う
- [ ] fake　形 偽の

❹
- [ ] admit　動 ~を認める
- [ ] develop　動 ~を開発する
- [ ] special　形 特殊な
- [ ] ... kinds of ~　熟 …種類の~
- [ ] plane　名 飛行機
- [ ] relation to ~　熟 ~との関係
- [ ] lie　動 嘘をつく
  → ing 形は lying

❺
- [ ] like this　熟 このように
- [ ] mystery　名 謎
- [ ] believe in ~　熟 ~の存在を信じる
- [ ] friend　名 友人
- [ ] enemy　名 敵

END　71

Lesson 07
問題文

単語数 ▶ 235 words
制限時間 ▶ 20 分
目標得点 ▶ 40 ／50点

DATE

■次の英文を読み，あとの設問に答えなさい。

Japanese anime is very popular all over the world, and many kids and adults enjoy (a)it.

Years ago when people heard the word "Japan," they thought of *ninjas*, cherry blossoms, and *samurais*, but these days they think of *Dragon Ball*, *Pokemon*, and *Totoro*. Japan's image abroad is rapidly changing because （ 1 ） these animation titles.

Have you ever heard the word "*otaku*?" An *otaku* is a person （ 2 ） likes anime and comics very much and collects many character items. Some of them even make simple animation movies and give their own ideas to animation companies. Several years ago, a lot of people thought *otakus* were strange and dangerous, but now they are playing a very important role in our culture.

Otaku culture is spreading abroad now. Japanese anime and comics are translated all over the world. (A)Not only children but also adults enjoy them.　Animation characters are printed on T-shirts and many other items.

　　In California there was a party recently.　In the party everyone was dressed like （ **3** ） , and they sang animation theme songs.　A lot of foreign tourists visit *Akihabara*, Tokyo, where they can meet many *otakus*, and can buy many character items.　There you sometimes see people in animation costumes on the street.

　　Some people still say anime and *otakus* are not a good part of our culture, but (B)we should be more proud of Japanese anime and the *otakus* who support it.

Lesson 07
設問

（1） （ 1 ）に当てはまる最も適切なものを，次の選択肢の中から1つ選び
なさい。

1 in **2** to **3** of **4** at

（2） （ 2 ）に当てはまる最も適切なものを，次の選択肢の中から1つ選び
なさい。

1 who **2** which **3** what **4** where

（3） （ 3 ）に当てはまる最も適切なものを，次の選択肢の中から1つ選び
なさい。

1 scientists **2** animation characters

3 animals **4** famous actors

（4） 下線部(a)が指すものを，英語2語で抜き出しなさい。

（5） 下線部(A), (B)を和訳しなさい。ただし，それぞれの them, it の内容がわ
かるように訳すこと。

（6） 本文の内容と一致するものを，次の選択肢の中から2つ選びなさい。

1 Japanese anime is not so popular abroad.

2 *Otakus* never help animation companies.

3 You can meet people who love animation only in *Akihabara*.

4 You can meet *otakus* in *Akihabara*, Tokyo.

5 We should be more proud of *otakus*.

	解　答　用　紙		
(1)		**(2)**	
(3)			
(4)			
(5)	(A)		
	(B)		
(6)			

Lesson 07
解答・解説

（1）　　because of ～（～の理由で）は重要表現なので，覚えておきましょう。

（2）　　（ 2 ）の前後の動詞 is と likes がヒント。（ 2 ）には 2 文をつなぐ接続詞の働きをするものが入ります。likes の主語が抜けていることから，主格の関係代名詞が入ると判断できます。先行詞が a person なので **1** who が正解です。

（3）　**1** 科学者　　　　　　　　　**②** アニメの登場人物
　　　　3 動物　　　　　　　　　　**4** 有名な俳優
　　　▶「そのパーティーでは，誰もが（ 3 ）のような服装をし，アニメのテーマソングを歌った」が文意です。英文全体がアニメの話題であり，また**第 5 段落**でも character items や animation costumes の話をしていることから，（ 3 ）にもアニメに関するものが入るとわかります。

（4）　　代名詞の多くは**直前の文の名詞**を指します。and で 2 文がつながれていることに注目すれば，Japanese anime is very popular all over the world が直前の文とわかります。it は単数名詞の反復を避ける代名詞なので，Japanese anime を指していると判断できます。

（5）
　　⒜　them は直前の文の複数名詞 Japanese anime and comics を指すと考えられます。重要表現 not only A but also B（A だけでなく B も）に注意して訳しましょう。
　　⒝　who は「人」を先行詞とする主格の関係代名詞です。そのため，who の先行詞は the *otakus* であるとわかります。it は the *otakus* が support することを指すので，Japanese anime を指しているとわかります。

(6) **1** 日本のアニメは海外ではそんなに人気がない。

→**第1段落**第1文「日本のアニメは世界中で非常に人気があり」という記述に矛盾します。

2 オタクたちがアニメ会社を手助けすることは決してない。

→**第3段落**第3文「アニメ会社へ自分自身のアイデアを提供する者さえいる」から，**手助けをすることがある**と判断できます。

3 秋葉原でのみアニメを愛する人々と会うことができる。

→**第1段落，第4段落，第5段落**から，**世界中にアニメを愛する人々がいる**と判断できます。

④ 東京の秋葉原でオタクたちに会うことができる。

→**第5段落**第3文に一致します。

⑤ 私たちはオタクたちをもっと誇りに思うべきである。

→**第6段落** but 以降に一致します。

Lesson
07

正 解			
(1) (5点)	3	**(2)** (5点)	1
(3) (5点)	2		
(4) (5点)	Japanese anime		
(5) (各8点)	(A) 子供たちだけでなく大人も日本のアニメや漫画を楽しんでいる。		
	(B) 私たちは日本のアニメと，日本のアニメを支えるオタクをもっと誇りに思うべきである。		
(6) (各7点)	4, 5		

得点	(1回目) ／50点	(2回目)	(3回目)	CHECK YOUR LEVEL	0〜30点 ➡ *Work harder!* 31〜40点 ➡ *OK!* 41〜50点 ➡ *Way to go!*

構造確認

[ ]＝名詞　▢＝修飾される名詞　< >＝形容詞・同格　( )＝副詞
S＝主語　V＝動詞　O＝目的語　C＝補語　´＝従節

❶ <u>Japanese anime</u> <u>is</u> very <u>popular</u> (all over the world), and <u>many kids</u>
　S　　　　　　　　　V　　　　　C　　　　　　　　　　　　　　　　　　　　S
<u>and adults</u> <u>enjoy</u> <u>it</u>.
　　　　　　　V　　O

❷ (Years ago) (when <u>people</u> <u>heard</u> <u>the word "Japan,"</u>) <u>they</u> <u>thought of</u>
　　　　　　　　　　 S´　　 V´　　　　 O´　　　　　　　　　　　　S　　　 V
<u>ninjas, cherry blossoms, and samurais</u>, but (these days) <u>they</u> <u>think of</u>
　O　　　　　　　　　　　　　　　　　　　　　　　　　　　　　　　　　　S　　　 V
<u>Dragon Ball, Pokemon, and Totoro</u>.　<u>Japan's image</u> (abroad) <u>is</u> (rapidly)
　O　　　　　　　　　　　　　　　　　　　　　　S　　　　　　　　　　　 V
<u>changing</u> (because of these animation titles).

❸ <u>Have</u> <u>you</u> (ever) <u>heard</u> <u>the word "otaku?"</u> <u>An otaku</u> <u>is</u> ▢<u>a person</u>▢ <who
　　V　　S　　　　　 V　　　 O　　　　　　　　　　　　S　　　 V　　　 C
<u>likes</u> <u>anime and comics</u> (very much) and <u>collects</u> <u>many character items</u>>.
　V´①　 O´①　　　　　　　　　　　　　　　　　　V´②　　　 O´②
<u>Some of them</u> (even) <u>make</u> <u>simple animation movies</u> and <u>give</u> <u>their own</u>
　S　　　　　　　　　　　 V①　　 O①　　　　　　　　　　　　　　 V②　　 O②
<u>ideas</u> (to animation companies).　(Several years ago), <u>a lot of people</u>
　　　　　　　　　　　　　　　　　　　　　　　　　　　　　　　　　S
<u>thought</u> [<u>otakus</u> <u>were</u> <u>strange and dangerous</u>], but (now) <u>they</u> <u>are playing</u>
　V　　　　 O S´　　 V´　　 C´　　　　　　　　　　　　　　　　　 S　　 V
▢<u>a very important role</u>▢ <in our culture>.
　O

構文解説

1 but は A and B と同様に同じ形を並べる。また，A but B は A と B が逆の内容になることが多い。ここでは「A = Years ago ... samurais」「B = these days ... Totoro」を並べており，A は昔の内容，B は最近の内容になっている。

【和訳】

❶ 日本のアニメは世界中で非常に人気があり，多くの子供や大人がそれらを楽しむ。

❷ 何年も前，「日本」という言葉を耳にすると，人々は忍者や桜，そして侍を思い描いたが，近頃では，ドラゴンボール，ポケモン，トトロを思い描く。海外での日本のイメージは，これらのアニメの題名によって，急速に変化しつつある。

❸ あなたは今までに「オタク」という言葉を耳にしたことがあるだろうか。オタクとは，アニメや漫画がとても好きで，数多くのキャラクター・アイテムを集める人のことである。彼らの中には，簡単なアニメ映画を作ったり，アニメ会社へ自分自身のアイデアを提供する者さえいる。数年前，多くの人たちがオタクは奇妙で危険だと考えていたが，現在では，彼らは私たちの文化のとても重要な役割を果たしている。

重要語句リスト

❶

anime	名 アニメ
popular	形 人気のある
all over the world	熟 世界中で
kid	名 子供
adult	名 成人，大人

❷

years ago	熟 何年も前に
word	名 単語，言葉
think of ~	熟 ~を考える
ninja	名 忍者
cherry blossom	名 桜
samurai	名 侍
these days	熟 近頃では
image	名 印象，イメージ
abroad	副 外国へ［に，で］
rapidly	副 急速に
change	動 変化する
because of ~	熟 ~の理由で
animation	名 アニメ
title	名 題名

❸

ever	副 今までに，かつて
comic	名 漫画
collect	動 ~を集める
character	名 登場人物，キャラクター
item	名 アイテム，項目，品目
simple	形 簡単な
movie	名 映画
own	形 自身の，独自の
idea	名 アイデア，考え
give B to A	熟 A に B を与える
company	名 会社
several	形 いくつかの
strange	形 奇妙な，不思議な
dangerous	形 危険な
culture	名 文化

Lesson
07

❹ *Otaku* culture is spreading (abroad) (now). Japanese anime and
　S　　　　　　V ❷

comics are translated (all over the world). Not only children but also
　　　V　　　　　　　　　　　　　　　　　　　S

adults enjoy them. Animation characters are printed (on T-shirts and
　　　V　　O　　　　S　　　　　　　　V　　　　　　　　　　　　　15

many other items).

❺ (In California) there was a party (recently). (In the party) everyone
　　　　　　　　　　V　　S　　　　　　　　　　　　　　　　S

was dressed (like animation characters), and they sang animation theme
V　　　　　　　　　　　　　　　　　　　　S　　V　　O

songs. A lot of foreign tourists visit *Akihabara, Tokyo*, <where they can
　　　　S　　　　　　　　　V　　O　❸　　　　　　S'　　V'①

meet many *otakus*, and can buy many character items>. (There) you　20
　　O'①　　　　　　　　V'②　　O'②　　　　　　　　　S

(sometimes) see people <in animation costumes (on the street)>.
　　　　　V　　O

❻ Some people (still) say [anime and *otakus* are not a good part <of
　S　　　　　　　　V　O"S'　　　　　　　　V'　　C'

our culture>], but we should be more proud (of Japanese anime and the
　　　　　　　　　S　V　　　　C

otakus <who support it>).
　　　　　　V'　　O'

---

❷ 「be 動詞＋動詞の ing」は動作の場合，「～している最中だ」の意味になるが，状況の場合
は「～しつつある」の意味になる。ここでは，オタク文化の現在の状況を伝えているため，
「オタク文化は広がりつつある」の意味。

❸ 「場所＋ where S V」は場所に説明を加える関係副詞。ここでは，*Akihabara*, Tokyo に説
明を加えている。また，*Akihabara* のような有名な場所に「補足的な説明」を加える場合は，
「場所，where S V」のようにカンマが置かれることが多い。

❹ オタク文化は現在，海外へと広がりつつある。日本のアニメや漫画は世界中で翻訳されている。子供たちだけでなく大人もそれらを楽しんでいる。アニメの登場人物は，Tシャツや多くの品物に印刷されている。

❺ カリフォルニアでは，最近，パーティーがあった。そのパーティーでは，誰もがアニメの登場人物のような服装をし，アニメのテーマソングを歌った。多くの外国人観光客が東京の秋葉原を訪れ，そこで彼らは多くのオタクに会ったり，多くのキャラクター・アイテムを買うことができるのだ。そこでは，路上でアニメの衣装を着た人を時々目にする。

❻ 中にはまだ，アニメとオタクは私たちの文化の良い部分ではないと言う人もいるが，私たちは日本のアニメと，それらを支えるオタクをもっと誇りに思うべきである。

❹
- spread 　⑩広がる
- translate 　⑩〜を翻訳する
- not only A but also B
　　　㊝Aだけでなく Bも
- print 　⑩〜を印刷する

❺
- California 　㊅カリフォルニア
- party 　㊅パーティー
- recently 　㊐最近
- dress 　⑩〜に服を着せる
- theme 　㊅テーマ，主題
- tourist 　㊅観光客
- costume 　㊅衣装

❻
- part 　㊅部分
- be proud of 〜 　㊝〜を誇りとしている
- support 　⑩〜を支える

Lesson
07

END　81

単語数 ▶ **246** words
制限時間 ▶ **20** 分
目標得点 ▶ **40** ／50点

DATE

■次の英文を読み，あとの設問に答えなさい。

My grandfather died when I was in the second grade of elementary school. I don't remember him well, but I can still remember the strong smell of cigarettes when I was with him. He was a heavy smoker and died （　1　） lung cancer. My parents say he loved me very much because I was his only grandchild.

I have a picture of him and me beside the bed. He is smiling and holding me in his arms. Then I was four years old. I am now eighteen years old, but when I see this picture, I feel he is still beside me, and is always watching over me.

(A)My parents say my grandfather was always making trouble for the family when he was alive. He liked to drink, went gambling, and had a lot of debt. My father worked many years (a)to pay back the debt.

But for me, my grandfather is always the gentle smiling person in the picture.

One day in winter, when everybody was sleeping silently,
(b)(occurred / very / earthquake / a / big). In this earthquake,
a lot of people in the neighborhood died, and my parents were

20 badly injured when some chests fell on them.

I was all right. (c)(my bed / a large chest and / there / was
/ just beside / a large mirror) , but they didn't fall over, though
everything else in the house fell.

Nobody in my family smoked cigarettes, but (d)at that time, I

25 could strangely smell cigarettes in my room.

（1） （　1　）に当てはまる最も適切なものを，次の選択肢の中から1つ選び
なさい。

1 at　　　　**2** of　　　　**3** to　　　　**4** on

（2） 下線部(A)を和訳しなさい。

（3） 下線部(a)と同じ用法の不定詞を含む文を，次の選択肢の中から1つ選
びなさい。

1 My sister likes to play golf.

2 It is difficult for me to answer the question.

3 I want something cold to drink.

4 I went to the bookstore to buy a magazine.

（4） 下線部(b)の英文の意味が通るように，（　　）内の単語を並べ替えなさ
い。

（5） 下線部(c)の英文の意味が通るように，（　　）内の語句を並べ替えなさ
い。なお，文頭にくる語も小文字で示してある。

（6） 下線部(d)の意味に最も近い語句を，次の選択肢の中から1つ選びなさ
い。

1 finally　　　**2** at once　　　**3** then　　　**4** usually

（7）　本文の内容と一致するものを，次の選択肢の中から2つ選びなさい。

1 The author in the picture is eighteen years old.

2 The author's grandfather never made any trouble for the family.

3 The author's grandfather was not actually a perfect person.

4 Nobody was injured in the earthquake.

5 The author probably thought his grandfather saved him.

	解　答　用　紙	
（1）		
（2）		
（3）		
（4）		
（5）		
（6）		（7）	

解答・解説

（**1**）　die of 〜は「（**病気など**）**で死ぬ**」という重要表現です。

（**2**）　My parents say（that）のように，接続詞の that が省略されている点に注意してください。また，be always Ving（いつも V ばかりしている）に注意して訳しましょう。

（**3**）　**1**　私の姉［妹］はゴルフをするのが好きだ。（名詞的用法）
　　　2　私がその質問に答えるのは難しい。（名詞的用法：形式主語）
　　　3　私は何か冷たい飲み物が欲しい。（形容詞的用法）
　　　④　私は雑誌を買うためにその本屋へ行った。（副詞的用法：目的）
　　▶下線部(a)が第 1 文型 My father worked many years の後ろに付け足されていることから，「V するために」という意味の不定詞の副詞的用法（目的）だとわかります。

（**4**）　述語動詞は occurred。主語となる名詞は「a［an ／ the］+（**副詞**）+（**形容詞**）+ **名詞**」の語順に気をつけて並べ替えましょう。

（**5**）　語句群の there と was がヒント。「there is［was］**単数名詞**（+**場所**）」「there are［were］**複数名詞**（+**場所**）」の語順になるように並べ替えましょう。これらは，「（**場所に**）〜**がある**［**あった**］」と訳します。頻出表現ですので，しっかり覚えておきましょう。
　　（注）ここでは口語体の文法を採用し，「there is［was］複数名詞」を採用しています。英作文などでは一般的な「there are［were］複数名詞」を用いて書きましょう。

（**6**）　**1**　ついに　　　　　　　　　　**2**　すぐに
　　　③　そのとき　　　　　　　　　**4**　普通は
　　▶at that time（= then）は「そのとき」と訳します。

(7)　1 写真に写っている著者は 18 歳である。

→**第 2 段落**第 3 文「そのとき，私は 4 歳だった」という記述に矛盾します。

2 著者の祖父は家族を決して困らせなかった。

→**第 3 段落**第 1 文「いつも家族を困らせてばかりいた」という記述に矛盾します。

③ 著者の祖父は実際には申し分のない人ではなかった。

→**第 3 段落**第 1 文「いつも家族を困らせてばかりいた」から，**申し分のない人ではなかった**［**困った人であった**］ことが読み取れます。

4 その地震で誰も怪我をしなかった。

→**第 5 段落**第 2 文に近所の人々が亡くなったことや，両親が怪我をしたことが書いてあります。

⑤ 著者はおそらく祖父が自分を救ってくれたと思っていただろう。

→**第 7 段落**で，誰も巻きタバコを吸った人がいないのに，巻きタバコのにおいがしたことから，ヘビースモーカーだった祖父が守ってくれたと著者が感じていることがわかります。

正　解		
(1) (5点)	**2**	
(2) (8点)	両親は，祖父が生きていたときは，いつも家族を困らせてばかりいたと言う。	
(3) (5点)	**4**	
(4) (6点)	a very big earthquake occurred	
(5) (7点)	There was a large chest and a large mirror just beside my bed	
(6) (5点)	**3**	**(7)** (各7点)　**3, 5**

得点	（1回目）　　／50点	（2回目）	（3回目）	CHECK YOUR LEVEL	0〜30点 ➡ *Work harder!*　31〜40点 ➡ *OK!*　41〜50点 ➡ *Way to go!*

0

❶ My grandfather died (when I was (in the second grade <of
S   V   S' V'

elementary school>)). I don't remember him (well), but I can (still)
        S V   O   S V

remember the strong smell <of cigarettes> (when I was (with him)).
     O   S' V'

He was a heavy smoker and died (of lung cancer). My parents say [he
S V① C①   V②   S   V O'S'

loved me (very much) (because I was his only grandchild)].
V' O'   S' V'   C'

5

❷ I have a picture <of him and me> (beside the bed). He is smiling
S V O   S V①

and holding me (in his arms). (Then) I was four years old. ▮I am (now)
  V② O②   S V C   S V

eighteen years old, but (when I see this picture), I feel [he is (still) (beside
C   S' V' O'   S V O'S' V'①

me), and is (always) watching (over me)].
     V'②

❸ My parents say [my grandfather was (always) making trouble (for the
S   V O'S'   V'   O'

10

family) (when he was alive)]. He ▮liked [to drink], went gambling, and
    S' V' C'   S V① O①   V②

had a lot of debt. My father worked (many years) (to pay back the debt).
V③ O③   S   V

構文解説

▮ but は A and B と同様に同じ形を並べる。また，A but B は A と B が逆の内容になることが多い。ここでは「A = I am now … old」「B = when I see … over me」を並べ，A は「私は今 18 歳［私が小学校 2 年生のときに亡くなった祖父は**いない**］」の内容，B は「祖父**がいる**ように感じる」の内容になっている。

▮ A and B は同じ形を並べるが，3 つ以上並べる場合は「A, B and C」「A, B, C and D」のように最後以外はカンマで並べる。よって，ここでは「A = liked to drink」「B = went gambling」「C = had a lot of debt」を並べている。

【和訳】

❶ 私が小学校2年生のときに，祖父は亡くなった。私はあまりよく彼のことを覚えてはいないが，彼と一緒にいたとき，巻きタバコの強いにおいがしたことはまだ覚えている。彼はヘビースモーカーであり，肺ガンで亡くなった。私は彼の唯一の孫だったので，彼は私のことをとても愛していたと両親は言う。

❷ ベッドのそばに彼と私の写真がある。彼はほほえんで，両腕で私を抱きかかえている。そのとき，私は4歳だった。私は今18歳だが，この写真を見ると，彼がまだ私のそばにいて，いつも私を見守ってくれているように感じる。

❸ 両親は，祖父が生きていたときは，いつも家族を困らせてばかりいたと言う。彼は酒を飲むのが好きで，賭け事をしに行き，多額の借金があった。父は借金を返すために，何年も働いた。

重要語句リスト

❶
- grandfather 图 祖父
- die 動 死ぬ
- second grade 图 2年生
- elementary school 图 小学校
- remember 動 ～を覚えている
- smell 图 におい
- cigarette 图 巻きタバコ
- heavy smoker 图 ヘビースモーカー，大変な愛煙家
- lung 图 肺
- cancer 图 ガン
- parent 图 親
- grandchild 图 孫

❷
- beside 前 ～のそばに
- smile 動 ほほえむ
- hold 動 ～を抱える，～をつかむ
- always 副 いつも

❸
- make trouble for ～ 熟 ～を困らせる
- alive 形 生きている
- drink 動 酒を飲む
- go Ving 熟 Vしに行く
- gamble 動 賭け事をする
- debt 图 借金
- pay back 熟 借りたものを返す

❹ But (for me), my grandfather is (always) the gentle smiling person (in
the picture).

❺ (One day) (in winter), (when everybody was sleeping (silently)), a very
big earthquake occurred. (In this earthquake), a lot of people <in the
neighborhood> died, and my parents were (badly) injured (when some
chests fell on them).

❻ I was all right. There was a large chest and a large mirror (just
beside my bed), but they didn't fall over, (though everything <else in
the house> fell).

❼ Nobody <in my family> smoked cigarettes, but (at that time), I could
(strangely) smell cigarettes (in my room).

❹ しかし私にとって，祖父はいつも写真の中で優しくほほえんでいる人だ。

❺ 冬のある日，誰もが静かに眠っていたとき，非常に大きな地震が起こった。この地震で，近所の多くの人々が亡くなり，私の両親にタンスが倒れかかり，彼らはひどい傷を負った。

❻ 私は無事だった。私のベッドのちょうど脇には大きなタンスと大きな鏡があったが，家の中のほかのすべてのものが倒れたけれども，それらは倒れなかった。

❼ 家族の中には誰も巻きタバコを吸った人はいなかったが，そのとき，私は奇妙にも部屋の中で巻きタバコのにおいがしたのだ。

❹
- [ ] gentle　㊡ 優しい

❺
- [ ] one day　㊗ ある日
- [ ] silently　㊣ 静かに
- [ ] earthquake　㊅ 地震
- [ ] occur　㊙ 起こる
- [ ] neighborhood　㊅ 近所
- [ ] badly　㊣ ひどく
- [ ] injure　㊙ 〜を傷つける，〜にけがをさせる
- [ ] chest　㊅ タンス

❻
- [ ] all right　㊗ 無事な
- [ ] mirror　㊅ 鏡
- [ ] else　㊣ そのほかの〔に〕

❼
- [ ] at that time　㊗ そのとき
- [ ] strangely　㊣ 奇妙に
- [ ] smell　㊙ 〜のにおいがする

Lesson
08

Please teach me, teacher!

Q どうしたら「単語」や「熟語」が覚えられますか？
効率よく覚えられる方法を教えてください。

A 皆さんは単語集や熟語集を活用して，「単語」や「熟語」の勉強に励んでいることと思います。ところで，「単語や熟語を覚える主な目的」を考えたことはあるでしょうか。それは，長文の中に出てくる「単語」や「熟語」をすぐに理解し，すばやく内容を把握するためです。単語集でもれをなくすことに加え，長文の中で単語や熟語の意味を見抜き，そして，その文章の流れの中でその「単語」や「熟語」がどのように使われているか，を暗記するということも軽視してはなりません。

この問題集では，単語・熟語に関しては，かなり細かく注釈をつけています。そのため，この問題集自体が単語集・熟語集としても使えるように工夫されています。長文を読みながら，単語・熟語を暗記するということを心掛けてください。

さて，これらを効率良く覚える場合にも，耳，口，目をフルに活用し，脳をできるだけ多く刺激することが大切です。声に出しながら，長文の中で起きていることを頭に描き，そのイメージと共に単語・熟語を暗記すると，ただ単に１つの情報として単語・熟語を暗記するよりもずっと覚えやすくなります。長文を音読し，何度も読みながら覚えることができるので，この問題集を単語集・熟語集としても活用すれば，まさに一石二鳥の効果が得られるというわけです。

また覚えたものを忘れないようにするためには，何度も繰り返すということが非常に大切です。１カ月もすると，人間は覚えたことの大半を忘れてしまいます。この忘却率を低くするためには，文脈の中で，何度も何度も繰り返し出会うしかないのです。そのために，一番大切なのは，付属の音声を繰り返し聞いて記憶をメンテすることです。リスニング学習は，そのまま速読の学習にもなるので，学習した英文を，たくさん聞けば聞くほど長文の力も伸びていきます。

LV1
STAGE-3

LEVEL-1

Lesson 09
問題文

単 語 数 ▶ 247 words
制限時間 ▶ 20 分
目標得点 ▶ 40 ／50点

DATE

■次の英文を読み，あとの設問に答えなさい。

What kind of people are millionaires? In the United States, under ten percent of all people have more than half the money in the country. Do you want to know how they live and how they become millionaires?

In the United States, university professors did research about people who have over one million dollars. (A)The professors asked them how they lived and how they had become rich. The answers were quite surprising.

Maybe you think rich people drive expensive cars, but actually most of them drive (1) cars. They don't live in big houses, and they don't eat expensive food. They may make a lot of money, but they don't spend it. After many years, they can save a lot of money and become rich.

The research also showed that (B)most of the people who drive expensive cars and live in big houses are not actually rich. They can buy expensive things, because they borrow a lot of money from banks. Although they have expensive things, they don't have much money. They only have debts.

Rich people not only teach their children how to make money, but they also teach their children （ 2 ） much money. Many times (a)children in a rich family don't know that their parents have a lot of money, because there is nothing expensive in the house.

Now you may have a hint about how to become rich. It is very simple but difficult to (b)do. Maybe you can start from today.

設問

（ 1 ）　（　1　）に当てはまる最も適切なものを，次の選択肢の中から 1 つ選びなさい。

1 expensive　　**2** cheap　　**3** large　　**4** small

（ 2 ）　（　2　）に当てはまる最も適切なものを，次の選択肢の中から 1 つ選びなさい。

1 not to spend　　　　　　**2** to not spend

3 to spend not　　　　　　**4** spend not to

（ 3 ）　下線部(A), (B)を和訳しなさい。

（ 4 ）　下線部(a)のように言える理由を，日本語で書きなさい。

（ 5 ）　下線部(b)が指すものを，英語で抜き出しなさい。

（ 6 ）　本文の内容と一致するものを，次の選択肢の中から 2 つ選びなさい。

1 In the United States, a small percentage of people have half the money in the country.

2 Millionaires like to drive expensive cars.

3 Some people borrow money to buy expensive cars.

4 Rich people tend to give a lot of money to their children.

5 You can never be a millionaire if your parents are not rich.

解　答　用　紙			
（1）		（2）	
（3）	(A)		
	(B)		
（4）			
（5）			
（6）			

Lesson 09
解答・解説

（1）　**1** 高価な　　　**②** 安い
　　　3 大きい　　　**4** 小さい

　▶（ 1 ）の前の but がヒント。but は「その山は**高く見える**が，実は**低い**」のように，**逆のイメージのものをつなぐ**ことができます。したがって「**高価な車**を運転すると思っているだろうが，実際には，（ 1 ）車を運転する」には cheap が入ります。

（2）　不定詞部分を否定する場合は「not to V」という語順になります。

（3）

(A)　ask A B（A に B を尋ねる）の B が，and で並べられて 2 つある（how they lived と how they had become rich）ことに注意して訳しましょう。

(B)　文の主語が most of the people，述語動詞が are，who から are の前までは関係代名詞節であることに注意して訳しましょう。

（4）　下線部(a)のように言える理由は，下線部(a)の直後の because 以降に書いてあります。

（5）　代動詞 do は前に出た文の動詞表現［動詞や不定詞など］以降の反復を避ける表現です。do は前の文の have a hint about how to become rich か become rich のどちらかを指すと考えられます。do の部分に両方をあてはめて文意を考えれば，become rich だと判断できます。

（6）① アメリカ合衆国では，ほんの少数の人々で国の半分のお金を所有している。

→**第1段落**第2文に一致します。

2 大金持ちは高価な車を運転するのが好きだ。

→**第3段落**第1文に「おそらく，あなたは金持ちの人たちは高価な車を運転すると思っているだろうが，実際には，彼らのほとんどは（　1　）車を運転する」とあります。（1）から（　1　）に入る語は**安い**だとわかります。ここから，大金持ちの多くは**安い車に乗っている**と判断できます。

③ 高価な車を買うために，お金を借りる人もいる。

→**第4段落**第2文に一致します。

4 金持ちは自分の子供たちに大金を与える傾向にある。

→**第5段落**第1文に「金持ちは自分の子供たちにお金の稼ぎ方を教えるだけでなく，子供たちに大金を（　2　）教える」とあります。（2）から（　2　）には**使わないように**が入るとわかります。ここから，**大金は与えていない**と考えられます。

5 両親が金持ちでなければ，あなたは決して大金持ちにはなれない。

→**第6段落**最終文「今日から始めることができる」という記述に矛盾します。

Lesson 09

正　解		
（1）(5点) 2	**（2）**(5点)	1
（3）(各7点)	(A) 教授は彼らにどのように生活し，どのようにして金持ちになったのかを尋ねた。	
	(B) 高価な車を運転し，大きな家に住む人たちのほとんどが，実際には金持ちではない。	
（4）(8点)	家の中に高価なものが何もないから。	
（5）(4点)	become rich	
（6）(各7点)	1, 3	

得点	（1回目）	（2回目）	（3回目）	CHECK YOUR LEVEL	0〜30点 ➡ *Work harder!* 31〜40点 ➡ *OK!* 41〜50点 ➡ *Way to go!*
	／50点				

❶ What kind of people are millionaires? (In the United States), under ten percent <of all people> have more than half the money <in the country>. Do you want [to know [how they live] and [how they become millionaires]]?

❷ (In the United States), university professors did research (about people <who have over one million dollars>). The professors asked them [how they lived] and [how they had become rich]. The answers were (quite) surprising.

❸ (Maybe) you think [rich people drive expensive cars], but (actually) most <of them> drive cheap cars. They don't live (in big houses), and they don't eat expensive food. They may make a lot of money, but they don't spend it. (After many years), they can save a lot of money and become rich.

―――――構文解説―――――

❶ 疑問詞 how で始まる節は名詞節で，want to know という動詞の目的語になっている。また，この文には and があるが，A and B は A と B が「語と語」「句と句」「節と節」「文と文」のように同じ形を並べる。ここでは，「A ＝ how they live」「B ＝ how they become millionaires」のように，want to know の目的語を2つ並べている。

❷ 「人 + who .....」は「〜する人」のように，人を表す名詞に説明を加える関係代名詞。

100

【和訳】

❶　大金持ちとはどんな種類の人たちだろうか。アメリカ合衆国では，すべての国民の 10％未満がその国の半分以上のお金を所有している。彼らがどのように生活し，どのようにして大金持ちになるのか知りたいであろうか。

❷　アメリカ合衆国で，大学教授が 100 万ドル以上所有している国民についての調査を行った。教授は彼らにどのように生活し，どのようにして金持ちになったのかを尋ねた。その答えは，かなり驚くべきものだった。

❸　おそらく，あなたは金持ちの人たちは高価な車を運転すると思っているだろうが，実際には，彼らのほとんどは安い車を運転する。彼らは大きな家には住んでおらず，高価な食べ物も食べていない。彼らは大金を稼ぐかもしれないが，浪費をしない。何年か後，彼らは大金を貯え，金持ちになることができるのだ。

重要語句リスト

❶

kind	名	種類
millionaire	名	大金持ち，百万長者
under	前	〜より少ない
people	名	国民
more than 〜	熟	〜以上，〜より多い

❷

university	名	大学
professor	名	教授
research	名	調査，研究
million	形	100 万の
dollar	名	ドル
quite	副	かなり
surprising	形	驚くべき

❸

maybe	副	おそらく
drive	動	〜を運転する
expensive	形	高価な
actually	副	実際に
cheap	形	安い
make money	熟	お金を稼ぐ
spend	動	〜を浪費する
save	動	〜を貯蓄する

Lesson
09

❹ The research (also) showed [that most <of the people <who drive
 S   V   O   S̈   V̈①
expensive cars and live (in big houses)>> are not (actually) rich]. They
 Ö①   V̈②   V̈   C̈   S
can buy expensive things, (because they borrow a lot of money (from
 V   O   S̈   V̈   Ö
banks)). (Although they have expensive things), they don't have much
                    S̈   V̈   Ö   S   V   O
money. They (only) have debts.
        S   V   O

❺ Rich people not only teach their children [how to make money], but
   S   V   O(A)   O(B)
they (also) teach their children not to spend much money. (Many times)
 S   V   O   C
children <in a rich family> don't know [that their parents have a lot of
 S   V   O   S̈   V̈   Ö
money], (because there is nothing expensive (in the house)).
                         V̈ S̈

❻ (Now) you may have a hint <about [how to become rich]>. It is very
        S   V   O   S V
simple but difficult [to do]. (Maybe) you can start (from today).
 C   S   V

---

❸「not only A but (also) B」は「A だけでなく B も」の意味。ここでは、「Rich people not
only teach ～, but they also teach …」なので、「金持ちは～を教えるだけでなく、…も教
える」となる。

❹否定語はそれ以降の内容を否定する。ここでは「teach 人 not to 動詞の原形」の語順のた
め、「人に～しないように教える」の意味。not のない「teach 人 to 動詞の原形」は「人に
～するよう教える」の意味。

❺ do には、前出の動詞以降の反復を避ける働きがある。ここでの do は、前出の「become
rich」の反復を避ける代動詞。

❹ 調査によって，高価な車を運転し，大きな家に住む人たちのほとんどが，実際には金持ちではないということもわかった。銀行から大金を借りているので，彼らは高価なものを買うことができるのだ。高価なものを所有しているけれども，彼らは大金を所有してはいない。彼らは借金を所有しているにすぎないのである。

❺ 金持ちは自分の子供たちにお金の稼ぎ方を教えるだけでなく，子供たちに大金を使わないように教える。しばしば，裕福な家庭の子供たちは自分の両親が大金を所有していることを知らない。なぜなら，家の中に高価なものが何もないからだ。

❻ 今，あなたは金持ちになる方法についての手がかりを得たかもしれない。金持ちになるのはとても単純だが，難しい。おそらく，今日から始めることができるだろう。

❹
☐ borrow　　　　　働〜を借りる
☐ bank　　　　　　②銀行
☐ debt　　　　　　②借金
❺
☐ not only A but also B
　　　　　　　　　熟AだけでなくBも
☐ many times　　 熟しばしば，何度も
❻
☐ hint　　　　　　②手がかり，ヒント
☐ simple　　　　　形単純な

Lesson
09

Lesson 10
問題文

単語数 ▶ 255 words
制限時間 ▶ 20 分
目標得点 ▶ 40 / 50点

DATE

■次の英文を読み，あとの設問に答えなさい。

Why do you go to a university? In countries such as Japan and the United States, many high school students go on to a university, but many of them can't answer this question well. There are some students who answer, "Because my parents told me to (a)do so." This is not a good answer because university education is not for their parents (1) for themselves.

Before you leave high school, you acquire basic knowledge in all subjects. This might be enough to do simple work, or just do what your boss says, but if you want to create something interesting or to change society, you will need much more than the basic knowledge you acquired in high school.

Kevin learned law in university, and he's now (2). He works hard every day to help handicapped people. He uses law to help them (3) a good job. His father was a handicapped person, and he decided to study law in university to help people like his father.

Takeo learned English in university, and he is now (b)an interpreter who works for the government. He decided to study English in university, because he wanted to know more about

20　the world and to make friends with many people all around the world. (A)His dream now is to make the world a more peaceful place.

There are many things you can learn in university. You can freely choose what you are going to study. The important thing

25　is that you have a future dream to chase.

Lesson
10

設問

（1） （ 1 ）に当てはまる最も適切なものを，次の選択肢の中から1つ選び
なさい。

1 and **2** so **3** or **4** but

（2） （ 2 ）に当てはまる最も適切なものを，次の選択肢の中から1つ選び
なさい。

1 a writer **2** a scientist **3** a lawyer **4** a doctor

（3） （ 3 ）に当てはまる最も適切なものを，次の選択肢の中から1つ選び
なさい。

1 getting **2** get **3** got **4** gets

（4） 下線部(a)が指すものを，英語で抜き出しなさい。

（5） 下線部(b)の職業で使うと判断できるものを，次の選択肢の中から1つ選
びなさい。

1 law **2** a basic knowledge
3 English **4** a peaceful place

（6） 下線部(A)を和訳しなさい。

(7) 本文の内容と一致するものを，次の選択肢の中から2つ選びなさい。

1 There are many students who don't know why they go to a university.

2 It is quite wise for students to follow their parents' orders.

3 Kevin is handicapped, so he tried to get a better job.

4 Takeo is now looking for a dream to chase.

5 It is important for students to think of what they want to do in the future.

解　答　用　紙					
(1)		(2)		(3)	
(4)				(5)	
(6)					
(7)					

（ 1 ）　文脈から「両親のためではなく，自分自身のためだ」となると判断できるので，重要表現 not A but B（A ではなくて B）の形にすれば正解です。

（ 2 ）　**1** 作家　　　　　　　　　**2** 科学者
　　　③ 弁護士　　　　　　　　　**4** 医師
　▶「ケビンは大学で**法律を学び**，今は（ 2 ）である」とあり，あとに続く文では**法律を使って人助けをしている**とわかることから，（ 2 ）には**法律を使う職業**が入ると判断できます。

（ 3 ）　重要表現 help ～（to）V 原形（～が V するのを手伝う）を問う問題です。V の直前の to は省略が可能です。

（ 4 ）　「do so」は**前に出た文の動詞表現以降の反復を避ける表現**。Because で理由を答えていることから，理由を問われた文である Why do you go to a university? の動詞以降を抜き出せば正解です。

（ 5 ）　**1** 法律　　　　　　　　　**2** 基礎知識
　　　③ 英語　　　　　　　　　**4** 平和な場所
　▶「タケオは大学で**英語を学び**，今は政府で働く an interpreter である」とあり，後に続く文では**英語を学ぶ決心をした理由**などが述べられていることから，**英語を使う職業**だと判断できます。

（ 6 ）　文の主語は His dream，述語動詞は is です。to make O C は「O を C にすること」という不定詞の名詞的用法であり，補語になっている点に注意して訳しましょう。

（7）①　なぜ自分たちが大学へ行くのかわからない学生がたくさんいる。

→**第1段落**第1文と，第2文の but 以降に一致します。

2　学生が両親の命令に従うのは非常に賢明だ。

→**第1段落**最終文「大学教育は両親のためではなく，自分自身のため」という記述に矛盾します。

3　ケビンには障害があるので，より良い仕事に就こうと努力した。

→**第3段落**最終文から，障害があるのはケビンの父親だとわかります。

4　タケオは現在，追い求める夢を探している。

→**第4段落**最終文にタケオの夢が書かれているので，すでに夢を持っていることがわかります。

⑤　学生が将来自分がしたいことを考えることは大切だ。

→**第5段落**の内容に一致します。

Lesson
10

正　解					
（1）(5点)	4	（2）(5点)	3	（3）(5点)	2
（4）(7点)	go to a university			（5）(6点)	3
（6）(8点)	現在，彼の夢は世界をもっと平和な場所にすることだ。				
（7）(各7点)	1, 5				

得点	（1回目） ／50点	（2回目）	（3回目）	CHECK YOUR LEVEL	0～30点 ➡ *Work harder!*　31～40点 ➡ *OK!*　41～50点 ➡ *Way to go!*

Lesson 10
構造確認

❶ Why <u>do</u> <u>you</u> <u>go</u> (to a university)? (In |countries| <such as Japan and
the United States>), <u>many high school students</u> <u>go on</u> (to a university),
but <u>many of them</u> <u>can't answer</u> <u>this question</u> (well). There <u>are</u> |some
students| <who answer, "Because my parents told me to do so."> <u>This</u>
<u>is not</u> <u>a good answer</u> (because <u>university education</u> <u>is not</u> (for their
parents) but (for themselves)).

❷ (Before <u>you</u> <u>leave</u> <u>high school</u>), <u>you</u> <u>acquire</u> |basic knowledge| <in all
subjects>. <u>This</u> <u>might be</u> <u>enough</u> (to do simple work, or (just) do [what
your boss says]), but (if <u>you</u> <u>want</u> [to create something interesting] or
[to change society]), <u>you</u> <u>will need</u> <u>much more than</u> |the basic
knowledge| <you acquired (in high school)>.

構文解説

1 「A, such as B」は「A, 例えばBのような」のように, BはAに対する具体例となっている。ここでは, 「A = countries」「B [具体例] = Japan and the United States」となっている。

2 or は A and B と同様に同じ形を並べる。また, A or B は A と B が言い換えの内容 [ほぼ同じ内容] になることが多い。ここでは「A = do simple work」「B = (just) do what your boss says」を並べる。Aは「単純作業をする」, Bは「(単に) 上司が言うことをする」という内容で, AもBも自分で考える必要のない作業と言う意味で, ほぼ同じ内容になっている。

【和訳】

❶ なぜあなたは大学へ行くのか。日本やアメリカ合衆国のような国々では，多くの高校生が大学へと進学するが，彼らの多くは，この質問にうまく答えられない。「両親が私にそうするように言ったから」と答える学生も中にはいる。大学教育は両親のためではなく，自分自身のためなので，これは良い答えではない。

❷ 高校を卒業する前に，あなたはあらゆる科目における基礎知識を習得してきた。単純作業や単に上司が言うことをするだけならそれで十分かもしれないが，何か興味深いものを創り出したり，社会を変えたりしたいなら，高校で習得してきた基礎知識よりはるかに多くのことが必要になるだろう。

重要語句リスト

❶

university	名	大学
A such as B	熟	B のような A，A 例えば B
answer	動	〜に答える
question	名	質問
parent	名	親
education	名	教育

❷

acquire	動	〜を習得する，〜を得る
basic	形	基礎の
knowledge	名	知識，学問
subject	名	科目
simple	形	単純な
boss	名	上司
create	動	〜を創り出す
interesting	形	興味深い
change	動	〜を変える
society	名	社会

Lesson
10

❸ <u>Kevin</u> <u>learned</u> <u>law</u> (in university), and <u>he's</u> (now) <u>a lawyer</u>. <u>He</u> <u>works</u>
　　S　　　V　　　O　　　　　　　　　　　　　S　V　　　C　　　　S　　V

(hard) (every day) (**3** to help handicapped people). <u>He</u> <u>uses</u> <u>law</u> (to help
　　　　　　　　　　　　　　　　　　　　　　　　　　　S　　V　　O

them get a good job). <u>His father</u> <u>was</u> <u>a handicapped person</u>, and <u>he</u>
　　　　　　　　　　　　　　S　　　　V　　　　C　　　　　　　　　　　　　S

<u>decided</u> [to study law (in university) (to help ⌊people⌋ <like his father>)].　⒂
　V　　　O

❹ <u>Takeo</u> <u>learned</u> <u>English</u> (in university), and <u>he</u> <u>is</u> (now) ⌊an interpreter⌋
　　S　　　　V　　　　O　　　　　　　　　　　　　　S　V　　　　　C

<who <u>works</u> (for the government)>. <u>He</u> <u>decided</u> [to study English (in
　　　V′　　　　　　　　　　　　　　S　　V　　　　O

university)], (because <u>he</u> <u>wanted</u> [to know more (about the world)] and
　　　　　　　　　　　　S′　V′　　　O′①

[to make friends (with ⌊many people⌋ <all around the world>)]). <u>His</u>
　O′②　　　　　　　　　　　　　　　　　　　　　　　　　　　　S

<u>dream</u> (now) <u>is</u> [to make the world a more peaceful place].　⒇
　　　　　　　　V　C

❺ There <u>are</u> ⌊many things⌋ <you can learn> (in university). <u>You</u> <u>can</u>
　　　　V　　　S　　　　S′　V′　　　　　　　　　　　S　　V

(freely) <u>choose</u> [what you are going to study]. <u>The important thing</u> <u>is</u>
　　　　　O′O″　S′　　V′　　　　　　　S　　　　V

[that you have ⌊a future dream⌋ <to chase>].
　C　S′　V′　　　O′

─────────────────────────────

3 文末 [完成した文の後ろ] に置かれる「to 動詞の原形」は「～するために」を意味する目的
を表すのが基本。

4 many things と you の間には，目的格の関係代名詞 [that または which] が省略されてい
る。「名詞＋（代）名詞＋動詞」のような語順では，名詞と（代）名詞の間に目的格の関係代
名詞が省略されているのが基本。

112

❸ ケビンは大学で法律を学び，今は弁護士である。彼は障害者を手助けするために毎日懸命に働いている。彼は，彼らが良い仕事に就く手助けをするために法律を使う。彼の父親は障害者だったため，彼は父親のような人々を助けるために大学で法律を勉強する決心をした。

❹ タケオは大学で英語を学び，今は政府で働く通訳（者）である。彼は世界についてもっと知りたかったし，世界中のたくさんの人々と友達になりたかったので，大学で英語を勉強する決心をした。現在，彼の夢は世界をもっと平和な場所にすることだ。

❺ 大学には，あなたが学べることがたくさんある。あなたは自分が勉強しようと思うことを自由に選ぶことができる。大切なのは，追い求める将来の夢を持つことである。

❸

☐ law	㊂ 法律
☐ lawyer	㊂ 弁護士，法律家
☐ handicapped	㊗ 障害のある
☐ job	㊂ 仕事
☐ decide to V	㊗ V しようと決心する
☐ like	㊡ ～のような

❹

☐ interpreter	㊂ 通訳（者）
☐ work for ～	㊗ ～で働く
☐ government	㊂ 政府，政治
☐ make friends with ～	
	㊗ ～と友達になる
☐ dream	㊂ 夢
☐ make O C	㊐ O を C にする
☐ peaceful	㊗ 平和な

❺

☐ freely	㊐ 自由に
☐ choose	㊐ ～を選ぶ
☐ future	㊗ 将来の，未来の
☐ chase	㊐ ～を追い求める

Lesson
10

END　113

LEVEL-1

Lesson 11
問題文

11

単 語 数 ▶ 263 words
制限時間 ▶ 20 分
目標得点 ▶ 40 ／50点

DATE

■次の英文を読み，あとの設問に答えなさい。

New York is sometimes called "The Big Apple." It is a huge city, and many people work and live there. In the Big Apple, you can enjoy many kinds of activities.

If you like art, you should visit the Metropolitan Museum of Art. This museum is huge and has a lot of paintings and statues (1) from all over the world. The museum is divided (2) many sections with a theme. If you are interested (3) archaeology, you should visit the ancient Egypt section. If you are interested (3) Oriental Art, you might like the Japan section. One day is never enough to enjoy everything in this museum.

If you are a person who loves musicals, the Big Apple may be your paradise. There are many musical theaters in the center of the city, and you can see many world famous plays. (A)Even if you don't perfectly understand English, you can enjoy music and dancing.

If you are interested （ 3 ） architecture, there are many interesting buildings in the city. (B)<u>The Empire State Building is a beautiful, tall building built many years ago.</u> There are many beautiful old churches. You can go in and enjoy the interiors and the stained glass. (a)<u>Don't forget to visit</u> the Statue of Liberty on Liberty Island. There is a ferry to the island, and from the deck of the ferry you can enjoy the view of the skyscrapers.

If you are wondering where to go during your next vacation, the Big Apple should be your choice. You will never be sorry if you come to New York.

Lesson
11

設問

（1） （ 1 ）に当てはまる最も適切なものを，次の選択肢の中から1つ選び
なさい。

1 collect　　**2** collecting　　**3** collected　　**4** to collect

（2） （ 2 ）に当てはまる最も適切なものを，次の選択肢の中から1つ選び
なさい。

1 into　　　　**2** for　　　　**3** at　　　　**4** without

（3） （ 3 ）に共通して当てはまる最も適切なものを，次の選択肢の中から
1つ選びなさい。

1 to　　　　**2** of　　　　**3** on　　　　**4** in

（4） 下線部(A)，(B)を和訳しなさい。

（5） 下線部(a)の意味に最も近いものを，次の選択肢の中から1つ選びなさ
い。

1 You don't have to forget to visit

2 You must not forget to visit

3 You will not forget to visit

4 You cannot forget to visit

(**6**)　本文の内容と一致するものを，次の選択肢の中から 2 つ選びなさい。

1 One day is enough to see everything in Metropolitan Museum.

2 In New York people can enjoy musical plays.

3 You should take a ferry to go to the Empire State Building.

4 The old buildings in New York are attractive to visitors.

5 You should be careful in New York because it is a dangerous city.

Lesson
11

解　答　用　紙					
(1)		**(2)**		**(3)**	
(4)	(A)				
	(B)				
(5)			**(6)**		

解答・解説

（1）　（ 1 ）を含む文にはすでに**動詞がある**ので，選択肢を見ると不定詞か分詞の問題だとわかります。前にある名詞 a lot of paintings and statues が世界中から**集められる**という関係が成り立つので，過去分詞の **3** collected が適切だとわかります。

（2）　divide A into B（A を B に分ける）の受動態は，A be divided into B（A は B に分けられる）と表現します。

（3）　be interested in 〜（〜に興味がある）は頻出ですので，覚えておきましょう。

（4）
　㈎　接続詞 even if S V（たとえ S が V するとしても）に注意して訳しましょう。
　㈏　**1 つの名詞を修飾する形容詞が 2 つ並ぶ場合は，カンマで並べること**があります。したがって a beautiful, tall building（美しく，高い建造物）となる点に注意しましょう。

（5）　**1** 訪れるのを忘れる必要はない
　　　② 訪れるのを忘れてはいけない
　　　3 訪れるのを忘れないだろう
　　　4 訪れるのを忘れるはずがない
　　▶ Don't V = You must not V（V してはいけない）は，**禁止**を表す重要表現です。

(6)　**1**　1 日あれば，メトロポリタン美術館のすべてのものを見るのには十分だ。

→メトロポリタン美術館に関する記述は**第 2 段落**にあり，最終文「1日では，この美術館のすべてを楽しむには決して**十分ではない**」という記述に矛盾します。

②　ニューヨークでは，人々がミュージカルを見て楽しむことができる。

→**第 3 段落**第 2 文に一致します。

3　エンパイアステート＝ビルへ行くためには，フェリーに乗るべきだ。

→エンパイアステート＝ビルに関する記述は**第 4 段落**にありますが，フェリーに乗るのは自由の女神を訪れるときであることが**第 4 段落**第 5 〜 6 文から判断できます。

④　ニューヨークの古い建造物は訪問者を引きつける。

→**第 4 段落**で古い建造物の良さを紹介し，**第 5 段落**でニューヨークを勧めていることから，ニューヨークの古い建造物は見る価値がある［人を引きつける］と考えることができます。

5　危険な都市なので，ニューヨークでは注意深くあるべきだ。

→本文にこのような記述はありません。

Lesson

11

正　解					
(1) (5点)	**3**	**(2)** (5点)	**1**	**(3)** (5点)	**4**
(4) (各8点)	(A) たとえ完全には英語がわからなくても，音楽や踊りを楽しむことができる。				
	(B) エンパイアステート＝ビルは何年も前に建てられた美しく，高い建造物である。				
(5) (5点)	**2**		**(6)** (各7点)		**2, 4**

得点	（1回目）	（2回目）	（3回目）	CHECK YOUR LEVEL	0〜30点 ➡ *Work harder!*
	／50点				31〜40点 ➡ *OK!*
					41〜50点 ➡ *Way to go!*

構造確認

[　]=名詞　　□=修飾される名詞　< 　>=形容詞・同格　(　)=副詞
S=主語　V=動詞　O=目的語　C=補語　′=従節

❶ New York is (sometimes) called "The Big Apple." It is a huge city,
　　S　　　　V　　　　　　　　　　　　C　　　　　　　　　 S　V　　C

and many people work and live (there). (In the Big Apple), you can enjoy
　　　 S　　　　　 V①　　　　 V②　　　　　　　　　　　　　　　 S　　 V

many kinds <of activities>.
　 O

❷ (If you like art), you should visit the Metropolitan Museum of Art.
　　 S′ V′ O′　　 S　　　 V　　　　　　　　　 O

This museum is huge and has a lot of paintings and statues <collected
　　S　　　　V①C①　　 V②　　　　 O②

(from all over the world)>. The museum is divided (into many sections
　　　　　　　　　　　　　　　　 S　　　　　 V

<with a theme>). (If you are interested (in archaeology)), you should
　　　　　　　　　　　 S′ V′　 C′　　　　　　　　　　　 S　　 V

visit the ancient Egypt section. (If you are interested (in Oriental Art)),
　 O　　　　　　　　　　　　　　　　　 S′ V′　 C′

you might like the Japan section. One day is never enough (to enjoy
 S　　 V　　　　 O　　　　　　　　 S　　　 V　　　　 C

everything <in this museum>).

構文解説

■ 「If S₁ V₁, S₂ V₂」は「S₁ が V₁ するならば，S₂ は V₂ する」の意味。S₁ V₁ が条件を表し，
S₂ V₂ がその条件を満たした場合の結果を表す。よって，ここには「(条件) 芸術が好き→
(結果) メトロポリタン美術館を訪れるべき」の関係がある。

【和訳】

❶ ニューヨークは，時々「ビッグ・アップル」と呼ばれる。そこは巨大な都市で，多くの人々がそこで働き，住んでいる。ビッグ・アップルで，あなたはいろいろな活動をして楽しむことができる。

❷ 芸術が好きなら，メトロポリタン美術館を訪れるべきだ。この美術館は非常に大きく，世界中から集められた数多くの絵や像を所有している。美術館は，テーマを持った数多くの部門に分けられている。考古学に興味があるなら，古代エジプト部門を訪れるべきだ。東洋芸術に興味があるなら，日本部門が気に入るかもしれない。1日では，この美術館のすべてを楽しむには決して十分ではない。

重要語句リスト

❶
New York	名	ニューヨーク
sometimes	副	時々
call O C	動	O を C と呼ぶ
huge	形	巨大な
kind	名	種類
activity	名	活動

❷
art	名	芸術
museum	名	美術館，博物館
painting	名	絵
statue	名	像
collect	動	～を集める
divide	動	～を分ける
section	名	部門，部分
theme	名	テーマ，主題
be interested in ～	熟	～に興味がある
archaeology	名	考古学
ancient	形	古代の
Egypt	名	エジプト
oriental	形	東洋の

Lesson **11**

❸ (If <u>you</u> <u>are</u> <u>│a person│</u> <who <u>loves</u> <u>musicals</u>>), <u>the Big Apple</u> <u>may be</u>
    S'   V'   C'   V''   O''   S   V

<u>your paradise</u>. There <u>are</u> <u>many musical theaters</u> (in <u>│the center│</u> <of the
   C   V   S

city>), and <u>you</u> <u>can see</u> <u>many world famous plays</u>. (Even if <u>you</u> <u>don't</u>
          S   V   O   S'   V'

(perfectly) <u>understand</u> <u>English</u>), <u>you</u> <u>can enjoy</u> <u>music and dancing</u>.
                       O'   S   V   O

❹ (If <u>you</u> <u>are</u> <u>interested</u> (in architecture)), there <u>are</u> <u>many interesting</u>
    S'   V'   C'   V   S   15

<u>buildings</u> (in the city). <u>The Empire State Building</u> <u>is</u> <u>│a beautiful, tall</u>
    S   S   V   C

<u>building│</u> <built (many years ago)>. There <u>are</u> <u>many beautiful old</u>
                                       V   S

<u>churches</u>. <u>You</u> <u>can go in</u> and <u>enjoy</u> <u>the interiors and the stained glass</u>.
    S   S   V①   V②   O②

<u>Don't forget</u> [<u>to visit</u> <u>│the Statue of Liberty│</u> <on Liberty Island>]. There
  V   O

<u>is</u> <u>a ferry</u> <to the island>, and (from <u>│the deck│</u> <of the ferry>) <u>you</u> <u>can</u>
V   S   S   V   20

<u>enjoy</u> <u>│the view│</u> <of the skyscrapers>.
        O

❺ (If <u>you</u> <u>are wondering</u> [<u>where to go</u>] (during your next vacation)), <u>the</u>
    S'   V'   O'   S

<u>Big Apple</u> <u>should be</u> <u>your choice</u>. **2** <u>You</u> <u>will never be</u> <u>sorry</u> (if <u>you</u> <u>come</u>
    S   V   C   S   V   C   S'   V'

(to New York)).

---

2 時・条件を表す副詞節中は，未来の文でも現在形となる。副詞節の「if S V」は条件を表す
ため，ここでは「You will never be sorry if you **come** to New York.」となっている。come
となっているが，未来の内容となる点に注意。

❸ ミュージカルが好きな人なら，ビッグ・アップルは天国かもしれない。市の中心にたくさんのミュージカル劇場があり，数多くの世界的に有名な劇を見ることができる。たとえ完全には英語がわからなくても，音楽や踊りを楽しむことができる。

❹ 建築に興味があるなら，その都市には数多くの興味深い建造物がある。エンパイアステート＝ビルは何年も前に建てられた美しく，高い建造物である。数多くの美しい，古い教会もある。あなたは中に入ることもでき，インテリアやステンドグラスを楽しむことができる。リバティー島の自由の女神を訪れるのを忘れてはならない。島までのフェリーがあり，フェリーの甲板から摩天楼の景色を楽しむことができる。

❺ 次の休暇中にどこへ行くべきかと思っているなら，ビッグ・アップルを選ぶべきだ。ニューヨークへ来たなら，決して後悔はしないだろう。

❸

musical	名 ミュージカル
paradise	名 天国
theater	名 劇場，映画館
center	名 中心
famous	形 有名な
play	名 劇
even if S V	熟 たとえ S が V するとしても
perfectly	副 完全に

❹

architecture	名 建築，建築学
church	名 教会
interior	名 内部，インテリア
stained glass	名 ステンドグラス
forget to V	熟 V し忘れる
the Statue of Liberty	名 自由の女神
ferry	名 フェリー，渡し船
island	名 島
deck	名 甲板，デッキ
view	名 景色
skyscraper	名 摩天楼，超高層ビル

❺

wonder	動 ～かなと思う
vacation	名 休暇，休日
choice	名 選択
sorry	形 後悔して

Lesson 11

LEVEL-1

Lesson 12
問題文

単語数 ▶ 265 words
制限時間 ▶ 20 分
目標得点 ▶ 40 / 50点

DATE

■次の英文を読み，あとの設問に答えなさい。

I first went to Japan when I was twelve years old. Before I went to Japan, I didn't know the country very well. I had seen some *samurai* movies, so I thought people were still fighting with swords there. When my father told me that we were going to Japan for our vacation, I was a little bit scared.

When we arrived at Narita International Airport, I was very surprised that everything was modern. There were no *samurais* with swords, and people wore western clothes. We took a bus to downtown Tokyo. (a)Everything I saw through the bus window was quite different from what I had expected. There (1) many concrete buildings and a lot of cars.

After arriving at the hotel in the evening, we took a walk outside, and went to a train station. After a train arrived, crowds of people rushed out like buffalos, so we had to hold hands so we wouldn't lose each other. (b)I (such a lot of people / had / seen / walking / never) at the same time, so I was very surprised. Although it was a hot summer day, most people wore suits and neckties. They looked very busy and walked very fast.

(2) our stay, we went to many places in Tokyo, such as *Asakusa*, *Shinjuku*, and *Akihabara*. There were a lot of people everywhere, and the roads were always crowded with cars. Although the sightseeing was (3) , I was very tired after several days, and I wanted to come back very much.

When we arrived back in Iowa, I felt very happy that I was born here.

Lesson

12

(1) （　1　）に当てはまる最も適切なものを，次の選択肢の中から1つ選びなさい。

1 is **2** are **3** was **4** were

(2) （　2　）に当てはまる最も適切なものを，次の選択肢の中から1つ選びなさい。

1 During **2** While **3** For **4** By

(3) （　3　）に当てはまる最も適切なものを，次の選択肢の中から1つ選びなさい。

1 sad **2** interesting **3** unhappy **4** angry

(4) 下線部(a)の文の主語と文の述語動詞を，それぞれ英語1語で抜き出しなさい。

(5) 下線部(b)の英文の意味が通るように，（　　）内の語句を並べ替えなさい。

(6) 本文の内容と一致するものを，次の選択肢の中から2つ選びなさい。

1 The author already knew Japan was a modern country before he went to Japan.

2 The author was a little bit scared to go to Japan before the trip.

3 Outside the hotel many buffalos were running.

4 The author didn't like Japan so much after all.

5 The author wanted to stay in Japan forever.

解　答　用　紙					
(1)		**(2)**		**(3)**	
(4)	文の主語：		文の述語動詞：		
(5)					
(6)					

127

解答・解説

（1）　頻出表現「there is［was］単数名詞（＋場所）」「there are［were］複数名詞（＋場所）」を問う問題です。「（場所に）〜がある［あった］」と訳します。（ 1 ）の後ろが複数名詞で，文章全体が過去形で書かれていることから，**4 were** が正解だとわかります。

（2）　① 〜の間中　　　　　　　　2　S が V する間に
　　　 3　〜の間　　　　　　　　 4　〜によって
　▶「（ 2 ）our stay」は文脈から，「滞在している**間／滞在中**」になると判断できます。名詞 **our stay** の前なので，前置詞の **1 during** が入ります。**2 while** は接続詞なので不適切。**3 for** は for two days のように**数字がついた期間**に用いられます。

（3）　1　悲しい　　　　　　　　② 面白い
　　　 3　不幸な　　　　　　　　4　怒った
　▶ **although S V**（S が V するけれども）がヒント。「けれども」は「それは体に良いけれども，おいしくない」のように，**逆のイメージの 2 文**をつなぐことができます。（ 3 ）を含む文の後半では，「疲れた」「帰りたくなった」などのマイナスイメージになっているので，（ 3 ）にはプラスイメージの単語が入ります。

（4）　下線部(a)の構造は「 Everything <I saw (through the bus window)> was (quite) different (from [what I had expected]).」となります。I saw の目的語が抜けているので，I の前に目的格の関係代名詞 that が省略されていることに注意しましょう。

（5）　重要表現である **had never Vpp**（1 度も V したことがなかった）と知覚動詞 **see 名詞 Ving**（名詞が V しているのを見る）を問う問題です。語句群の中に知覚動詞がある場合は特に，語順に注意が必要です。

(6) **1** 日本に来る前に，日本は近代的な国だと著者はすでに知っていた。

→**第1段落**第2文「日本に行く前，私はその国をあまりよく知らな
かった」という記述に矛盾します。

② 旅行前，著者は日本に行くのが少し怖かった。

→**第1段落**最終文に一致します。

3 ホテルの外で，たくさんの水牛が走っていた。

→**第3段落**第2文に「群衆が水牛のように飛び出した」とはあります
が，本物の水牛に関する記述はありません。比喩表現に注意しまし
ょう。

④ 著者は結局日本があまり好きではなかった。

→**第4段落**最終文，**第5段落**の内容から，日本があまり好きではな
い様子が想像できます。

5 著者は永遠に日本に滞在したがっていた。

→**第4段落**最終文の内容に矛盾します。

Lesson
12

正　解					
(1) (6点)	4	**(2)** (6点)	1	**(3)** (6点)	2
(4) (各4点)	文の主語：Everything　　文の述語動詞：was				
(5) (8点)	had never seen such a lot of people walking				
(6) (各8点)	2, 4				

得点	(1回目) ／50点	(2回目)	(3回目)	CHECK YOUR LEVEL	0〜30点 ➡ *Work harder!* 31〜40点 ➡ *OK!* 41〜50点 ➡ *Way to go!*

Lesson 12
構造確認

[ ]＝名詞　▢＝修飾される名詞　< >＝形容詞・同格　( )＝副詞
S＝主語　V＝動詞　O＝目的語　C＝補語　'＝従節

❶ I (first) went (to Japan) (when I was twelve years old). (Before I went (to Japan)), I didn't know the country (very well). I had seen some *samurai* movies, so I thought [people were (still) fighting (with swords) (there)]. (When my father told me [that we were going (to Japan) (for our vacation)]), I was (a little bit) scared.

❷ (When we arrived (at Narita International Airport)), I was very surprised (that everything was modern). There were no *samurais* <with swords>, and people wore western clothes. We took a bus (to downtown Tokyo). Everything <I saw (through the bus window)> was (quite) different (from [what I had expected]). There were many concrete buildings and a lot of cars.

························ 構文解説 ························

1 「S₁ V₁, so S₂ V₂」は「S₁ は V₁ するので，S₂ は V₂ する」の意味。S₁ V₁ が原因［理由］を表し，S₂ V₂ がその結果を表す。よって，ここには「（原因）何本かの侍映画を見たことがあった→（結果）私はそこでは人々がいまだに刀で戦っていると思っていた」の因果関係がある。

【和訳】

❶ 12歳のとき，私は初めて日本に行った。日本に行く前，私はその国をあまりよく知らなかった。何本かの侍映画を見たことがあったので，私はそこでは人々がいまだに刀で戦っていると思っていた。父親が私に，私たちは休暇の間日本へ行く予定だと言ったとき，私は少し怖かった。

❷ 私たちが成田国際空港に到着したとき，私はあらゆるものが近代的なので非常に驚いた。刀を持った侍はおらず，人々は洋服を着ていた。私たちはバスに乗って東京の都心へ行った。私がバスの窓越しに見たあらゆるものは，私が予想していたものとかなり異なっていた。たくさんのコンクリートの建物とたくさんの車があったのだ。

重要語句リスト

❶

☐ country	名	国
☐ samurai	名	侍
☐ movie	名	映画
☐ so	接	だから
☐ still	副	まだ
☐ fight	動	戦う
☐ with	前	～を使って，～で，～を持っている
☐ sword	名	刀
☐ vacation	名	休暇，休日
☐ a little bit	熟	少し
☐ scared	形	おびえた

❷

☐ arrive at ～	熟	～に到着する
☐ international	形	国際的な
☐ airport	名	空港
☐ modern	形	近代的な
☐ wore	動	～を着ている wear-wore-worn
☐ western	形	西洋の，西の
☐ clothes	名	衣服
☐ downtown	名	都心部
☐ through	前	～を通して
☐ quite	副	かなり
☐ expect	動	予期する，期待する
☐ concrete	形	コンクリート製の
☐ building	名	建物

Lesson **12**

❸ (After arriving (at the hotel) (in the evening)), we took a walk (outside),
and went (to a train station). (After a train arrived), crowds <of people>
rushed out (like buffalos), so we had to hold hands so we wouldn't lose
each other. I had never seen such a lot of people walking (at the same   15
time), so I was very surprised. (Although it was a hot summer day), most
people wore suits and neckties. They looked very busy and walked (very
fast).

❹ (During our stay), we went (to many places <in Tokyo>), <such as
Asakusa, *Shinjuku*, and *Akihabara*>.   There were a lot of people   20
(everywhere), and the roads were (always) crowded (with cars).
(Although the sightseeing was interesting), I was very tired (after several
days), and I wanted [to come back] (very much).

❺ (When we arrived back (in Iowa)), I felt very happy (that I was born
(here)).   25

----

2 「I felt very happy that S V」は「S が V してとても幸せだと感じた」の意味。happy や
surprised などのような感情を表す語の直後に「that S V」「to 動詞の原形」が続く場合は，
その感情に至った原因を表している。

❸ 夕方，ホテルに到着した後で，私たちは外へ散歩に出かけ，駅へ行った。電車が到着した後で，群衆が水牛のように飛び出したので，私たちはお互いにはぐれないように手をつながなければならなかった。私はそんなにたくさんの人々が同時に歩いているのを見たことがなかったので，とても驚いた。夏の暑い日だったが，ほとんどの人がスーツとネクタイを身につけていた。彼らはとても忙しそうで，とても速く歩いた。

❹ 滞在中，私たちは浅草，新宿，秋葉原のような東京にあるたくさんの場所へ行った。どこもたくさんの人がいて，道路はいつも車で混み合っていた。観光は面白かったが，数日後，私はとても疲れてしまい，とても帰りたくなった。

❺ 私たちがアイオワへ戻って来たとき，私はここで生まれてとても幸せだと感じた。

❸

☐ take a walk	熟	散歩をする
☐ outside	副	外へ
☐ train station	名	駅
☐ crowd	名	群衆
☐ rush out	熟	飛び出す
☐ like	前	〜のように
☐ buffalo	名	水牛
☐ lose	動	〜を見失う
☐ each other	代	お互い
☐ at the same time	熟	同時に
☐ although S V	接	S が V するけれども
☐ suit	名	スーツ
☐ necktie	名	ネクタイ
☐ busy	形	忙しい

❹

☐ during	前	〜の間中（ずっと）
☐ stay	名	滞在
☐ everywhere	副	いたるところで
☐ crowded	形	混み合った
☐ sightseeing	名	観光
☐ tired	形	疲れた
☐ several	形	いくつかの

Lesson
12

MEMO

【訂正のお知らせはコチラ】
　本書の内容に万が一誤りがございました場合は, 東進 WEB 書店 (https://www.toshin.com/books/) の本書ページにて随時お知らせいたしますので, こちらをご確認ください。☞

※本書に収録している英文は, すべて著者が執筆しています。

大学受験　レベル別問題集シリーズ

英語長文レベル別問題集① 超基礎編【改訂版】

発行日：2023年　3月　1日　初版発行

著者：**安河内哲也／大岩秀樹**

発行者：**永瀬昭幸**

編集担当：山村帆南
発行所：**株式会社ナガセ**
　　　　〒180-0003 東京都武蔵野市吉祥寺南町 1-29-2
　　　　出版事業部（東進ブックス）
　　　　TEL：0422-70-7456／FAX：0422-70-7457
　　　　URL：http://www.toshin.com/books（東進 WEB 書店）
　　　　※本書を含む東進ブックスの最新情報は東進WEB書店をご覧ください。

制作協力：株式会社ティーシーシー（江口里菜）
編集協力：松下未歩　松本六花　三木龍瑛　湯本実果里
装丁：東進ブックス編集部
組版・印刷・製本：シナノ印刷株式会社
音声収録：財団法人英語教育協議会（ELEC）
音声出演：Jennifer Okano　Vicki Glass
　　　　　Guy Perryman　Alka Lodha
動画出演：Nick Norton

合格の秘訣① 全国屈指の実力講師陣

東進の実力講師陣 数多くのベストセラー参考書を執筆‼

東進ハイスクール・
東進衛星予備校では、
そうそうたる講師陣が君を熱く指導する！

　本気で実力をつけたいと思うなら、やはり根本から理解させてくれる一流講師の授業を受けることが大切です。東進の講師は、日本全国から選りすぐられた大学受験のプロフェッショナル。何万人もの受験生を志望校合格へ導いてきたエキスパート達です。

英語

日本を代表する英語の伝道師。ベストセラーも多数。
安河内 哲也先生
[英語]

予備校界のカリスマ。抱腹絶倒の名講義を見逃すな。
今井 宏先生
[英語]

「スーパー速読法」で難解な長文問題の速読即解を可能にする「予備界の達人」！
渡辺 勝彦先生
[英語]

雑誌『TIME』やベストセラーの翻訳も手掛け、英語界でその名を馳せる実力講師。
宮崎 尊先生
[英語]

情熱あふれる授業で、知らず知らずのうちに英語が得意教科に！
大岩 秀樹先生
[英語]

国際的な英語資格(CELTA)に、全世界の上位5%(Pass A)で合格した世界基準の英語講師。
武藤 一也先生
[英語]

関西の実力講師が、全国の東進生に「わかる」感動を伝授。
慎 一之先生
[英語]

数学

数学を本質から理解できる本格派講義の完成度は群を抜く。
志田 晶先生
[数学]

「ワカル」を「デキル」に変える新しい数学は、君の思考力を刺激し、数学のイメージを覆す！
松田 聡平先生
[数学]

予備校界を代表する講師による魔法のような感動講義を東進で！
河合 正人先生
[数学]

短期間で数学力を徹底的に養成、知識を統一・体系化する！
沖田 一希先生
[数学]

国語

「脱・字面読み」トレーニングで、「読む力」を根本から改革する！

興水 淳一先生
[現代文]

明快な構造板書と豊富な具体例で必ず君を納得させる！「本物」を伝える現代文の新鋭。

西原 剛先生
[現代文]

東大・難関大志望者から絶大なる信頼を得る本質の指導を追究。

栗原 隆先生
[古文]

ビジュアル解説で古文を簡単明快に解き明かす実力講師。

富井 健二先生
[古文]

縦横無尽な知識に裏打ちされた立体的な授業に、グングン引き込まれる！

三羽 邦美先生
[古文・漢文]

幅広い教養と明解な具体例を駆使した緩急自在の講義。漢文が身近になる！

寺師 貴憲先生
[漢文]

文章で自分を表現できれば、受験も人生も成功できますよ。「笑顔と努力」で合格を！

石関 直子先生
[小論文]

理科

丁寧で色彩豊かな板書と詳しい講義で生徒を惹きつける。

宮内 舞子先生
[物理]

化学現象の基本を疑い化学全体を見通す"伝説の講義"

鎌田 真彰先生
[化学]

明朗快活な楽しい講義で、必ず「化学」が好きになる。

立脇 香奈先生
[化学]

全国の受験生が絶賛するその授業は、わかりやすさそのもの！

田部 眞哉先生
[生物]

地歴公民

入試頻出事項に的を絞った「表解板書」は圧倒的な信頼を得る。

金谷 俊一郎先生
[日本史]

つねに生徒と同じ目線に立って、入試問題に対する的確な思考法を教えてくれる。

井之上 勇 先生
[日本史]

"受験世界史に荒巻あり"といわれる超実力人気講師。

荒巻 豊志先生
[世界史]

世界史を「暗記」科目だなんて言わせない。正しく理解すれば必ず伸びることを一緒に体感しよう。

加藤 和樹先生
[世界史]

わかりやすい図解と統計の説明に定評。

山岡 信幸先生
[地理]

政治と経済のメカニズムを論理的に解明しながら、入試頻出ポイントを明確に示す。

清水 雅博先生
[公民]

「今」を知ることは「未来」の扉を開くこと。受験に留まらず、目標を高く、そして強く持て！

執行 康弘先生
[公民]

合格の秘訣2 基礎から志望校対策まで 合格に必要なすべてを網羅した 学習システム

映像によるIT授業を駆使した最先端の勉強法

高速学習

一人ひとりの レベル・目標にぴったりの授業

東進はすべての授業を映像化しています。その数およそ1万種類。これらの授業を個別に受講できるので、一人ひとりのレベル・目標に合った学習が可能です。1.5倍速受講ができるほか自宅からも受講できるので、今までにない効率的な学習が実現します。

現役合格者の声

東京大学 理科一類
大宮 拓朝くん
東京都立 武蔵高校卒

得意な科目は高2のうちに入試範囲を修了したり、苦手な科目を集中的に取り組んだり、自分の状況に合わせて早め早めの対策ができました。林修先生をはじめ、実力講師陣の授業はおススメです。

1年分の授業を 最短2週間から1カ月で受講

従来の予備校は、毎週1回の授業。一方、東進の高速学習なら毎日受講することができます。だから、1年分の授業も最短2週間から1カ月程度で修了可能。先取り学習や苦手科目の克服、勉強と部活との両立も実現できます。

先取りカリキュラム

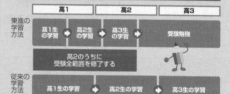

目標まで一歩ずつ確実に

スモールステップ・ パーフェクトマスター

高校入門から最難関大までの12段階から自分に合ったレベルを選ぶことが可能です。「簡単すぎる」「難しすぎる」といったことがなく、志望校へ最短距離で進みます。
授業後すぐに確認テストを行い内容が身についたかを確認し、合格したら次の授業に進むので、わからない部分を残すことはありません。短期集中で徹底理解をくり返し、学力を高めます。

自分にぴったりのレベルから学べる 習ったことを確実に身につける

現役合格者の声

一橋大学 商学部
伊原 雪乃さん
千葉県 私立 市川高校卒

高1の「共通テスト同日体験受験」をきっかけに東進に入学しました。毎回の授業後に「確認テスト」があるおかげで、授業に自然と集中して取り組むことができました。コツコツ勉強を続けることが大切です。

パーフェクトマスターのしくみ

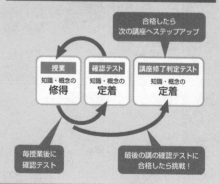

徹底的に学力の土台を固める

高速マスター 基礎力養成講座

高速マスター基礎力養成講座は「知識」と「トレーニング」の両面から、効率的に短期間で基礎学力を徹底的に身につけるための講座です。英単語をはじめとして、数学や国語の基礎項目も効率よく学習できます。オンラインで利用できるため、校舎だけでなく、スマートフォンアプリで学習することも可能です。

現役合格者の声

早稲田大学 法学部
小松 朋生くん
埼玉県立 川越高校卒

サッカー部と両立しながら志望校に合格できました。それは「高速マスター基礎力養成講座」に全力で取り組んだおかげだと思っています。スキマ時間でも、机に座って集中してでもできるおススメのコンテンツです。

東進公式スマートフォンアプリ

東進式マスター登場！
（英単語／英熟語／英文法／基本例文）

スマートフォンアプリでスキマ時間も徹底活用！

1）スモールステップ・パーフェクトマスター！
頻出度（重要度）の高い英単語から始め、1つのSTAGE（計100語）を完全修得すると次のSTAGEに進めるようになります。

2）自分の英単語力が一目でわかる！
トップ画面に「修得語数・修得率」をメーター表示。
自分が今何語修得しているのか、どこを優先的に学習すべきなのか一目でわかります。

3）「覚えていない単語」だけを集中攻略できる！
未修得の単語、または「My単語（自分でチェック登録した単語）」だけをテストする出題設定が可能です。
すでに覚えている単語を何度も学習するような無駄を省き、効率良く単語力を高めることができます。

共通テスト対応 英単語1800
共通テスト対応 英熟語750
英文法 750
英語基本例文300

「共通テスト対応英単語1800」2022年共通テストカバー率99.5%！

君の合格力を徹底的に高める

志望校対策

第一志望校突破のために、志望校対策にどこよりもこだわり、合格力を徹底的に極める質・量ともに抜群の学習システムを提供します。従来からの「過去問演習講座」に加え、AIを活用した「志望校別単元ジャンル演習講座」、「第一志望校対策演習講座」で合格力を飛躍的に高めます。東進が持つ大学受験に関するビッグデータをもとに、個別対応の演習プログラムを実現しました。限られた時間の中で、君の得点力を最大化します。

現役合格者の声

東京工業大学 環境・社会理工学院
小林 杏彩さん
東京都 私立 豊島岡女子学園高校卒

志望校を高1の頃から決めていて、高3の夏以降は目標をしっかり持って「過去問演習」、「志望校別単元ジャンル演習」を進めていきました。苦手教科を克服するのに役立ちました。

大学受験に必須の演習

■過去問演習講座

1. 最大10年分の徹底演習
2. 厳正な採点、添削指導
3. 5日以内のスピード返却
4. 再添削指導で着実に得点力強化
5. 実力講師陣による解説授業

東進×AIでかつてない志望校対策

■志望校別単元ジャンル演習講座

過去問演習講座の実施状況や、東進模試の結果など、東進で活用したすべての学習履歴をAIが総合的に分析。学習の優先順位をつけ、志望校別に「必勝必達演習セット」として十分な演習問題を提供します。問題は東進が分析した、大学入試問題の膨大なデータベースから提供されます。苦手を克服し、一人ひとりに適切な志望校対策を実現する日本初の学習システムです。

志望校合格に向けた最後の切り札

■第一志望校対策演習講座

第一志望校の総合演習に特化し、大学が求める解答力を身につけていきます。対応大学は校舎にお問い合わせください。

合格の秘訣3 東進模試

申込受付中
※お問い合わせ先は付録7ページをご覧ください。

学力を伸ばす模試

本番を想定した「厳正実施」
統一実施日の「厳正実施」で、実際の入試と同じレベル・形式・試験範囲の「本番レベル」模試。相対評価に加え、絶対評価で学力の伸びを具体的な点数で把握できます。

12大学のべ35回の「大学別模試」の実施
予備校界随一のラインアップで志望校に特化した"学力の精密検査"として活用できます（同日体験受験を含む）。

単元・ジャンル別の学力分析
対策すべき単元・ジャンルを一覧で明示。学習の優先順位がつけられます。

中5日で成績表返却
WEBでは最短中3日で成績を確認できます。
※マーク型の模試のみ

合格指導解説授業
模試受験後に合格指導解説授業を実施。重要ポイントが手に取るようにわかります。

東進模試 ラインアップ　2022年度

共通テスト本番レベル模試
受験生 高2生 高1生 ※高1は難関大志望者 — 年4回

高校レベル記述模試
高2生 高1生 — 年2回

全国統一高校生テスト ●問題は学年別
高3生 高2生 高1生 — 年2回

全国統一中学生テスト ●問題は学年別
中3生 中2生 中1生 — 年2回

早慶上理・難関国公立大模試
受験生 — 年5回 ［共通テスト本番レベル模試との総合評価※］

全国有名国公私大模試
受験生 — 年5回

東大本番レベル模試 受験生
高2東大本番レベル模試
高2生 高1生 — 各年4回

※ 最終回は共通テスト後の受験となる模試は、共通テスト自己採点との総合評価となります。
※ 2022年度に実施予定の模試は、今後の状況により変更する場合があります。
※ 最新の情報はホームページでご確認ください。

京大本番レベル模試 受験生 — 年4回

北大本番レベル模試 受験生 — 年2回

東北大本番レベル模試 受験生 — 年2回

名大本番レベル模試 受験生 — 年3回

阪大本番レベル模試 受験生 — 年3回

九大本番レベル模試 受験生 — 年3回

［共通テスト本番レベル模試との総合評価※］

東工大本番レベル模試 受験生 — 年2回

一橋大本番レベル模試 受験生 — 年2回

千葉大本番レベル模試 受験生 — 年1回

神戸大本番レベル模試 受験生 — 年1回

広島大本番レベル模試 受験生 — 年1回

［共通テスト本番レベル模試との総合評価※］

大学合格基礎力判定テスト 受験生 高2生 高1生 — 年4回

共通テスト同日体験受験 高2生 高1生 — 年1回

東大入試同日体験受験 高2生 高1生 ※高1は意欲ある東大志望者 — 年1回

東北大入試同日体験受験 高2生 高1生 ※高1は意欲ある東北大志望者 — 年1回

名大入試同日体験受験 高2生 高1生 ※高1は意欲ある名大志望者 — 年1回

医学部82大学判定テスト 受験生 — 年2回

中学学力判定テスト 中2生 中1生 — 年4回

2022年東進生大勝利！
東大・難関大 現役合格 史上最高！

東大 現役合格 日本一！※1 853名

文科一類	138名	理科一類	310名
文科二類	111名	理科二類	120名
文科三類	105名	理科三類	36名
学校推薦			

昨対 +37名

現役生のみ！ 講習生含まず！

史上最高！

学校推薦型選抜も東進！
33名 昨対+10名 /86名
現役推薦合格者の38.3%が東進生！

東進生 現役占有率 **38.0**%

※1 東大現役合格実績をホームページ・パンフレット・チラシ等で公表している予備校の中で最大。2021年4月に当塾で調べ。

現役合格者の38.0%が東進生！※2
※2 2022年の東大全体の現役合格者は2,241名。東進の現役合格者は853名。東進生の占有率は38.0%。現役合格者の2.7人に1人が東進生です。

東進史上 最高記録を 更新!!

■国公立医・医 1,032名 昨対+45名

現役合格者の **29.6**%が東進生！

2022年の国公立医学部医学科全体の現役合格者は未公表のため、仮に昨年の現役合格者数（推定）3,478名を分母として東進生占有率を算出すると、東進生の占有率は29.6%。現役合格者の3.4人に1人が東進生です。

東進生 現役占有率 **29.6**%

史上最高！ 現役生のみ！講習生含まず！

■旧七帝大 +東工大 一橋大 神戸大 4,612名 昨対+246名

東京大	853名
京都大	468名
北海道大	438名
東北大	372名
名古屋大	410名
大阪大	617名
九州大	437名
東京工業大	211名
一橋大	251名
神戸大	555名

史上最高！ 現役生のみ！講習生含まず！

■早慶 5,678名 昨対+485名

早稲田大	3,412名
慶應義塾大	2,266名

史上最高！ 現役生のみ！講習生含まず！

■上理明青立法中 21,321名 昨対+2,637名

上智大	1,488名	青山学院大	2,111名
東京理科大	2,805名	立教大	2,646名
明治大	5,351名	法政大	3,848名
		中央大	3,072名

史上最高！ 現役生のみ！講習生含まず！

■関関同立 昨対+832名 12,633名

関西学院大	2,621名
関西大	2,752名
同志社大	2,806名
立命館大	4,454名

史上最高！ 現役生のみ！講習生含まず！

■私立医・医 626名 昨対+22名

史上最高！ 現役生のみ！講習生含まず！

■日東駒専 10,011名 史上最高！ 昨対+917名

■産近甲龍 6,085名 史上最高！ 昨対+368名

■国公立大 16,502名 昨対+68名

史上最高！ 現役生のみ！講習生含まず！

国公立 総合・学校推薦型選抜も東進！

■国公立医・医	■旧七帝大 +東工大 一橋大 神戸大
302名 昨対+15名	**415**名 昨対+59名

東京大	33名
京都大	15名
北海道大	16名
東北大	114名
名古屋大	80名
大阪大	56名
九州大	27名
東京工業大	24名
一橋大	2名
神戸大	48名

史上最高！

ウェブサイトでもっと詳しく

東進　🔍 検索

2022年3月31日締切

付録 6

各大学の合格実績は、東進ネットワーク（東進ハイスクール、東進衛星予備校、早稲田塾）の現役生のみ、高3時在籍者のみの合同実績です。一人で複数合格した場合は、それぞれの合格者数に計上しています。

※2022年4月現在